Franz Miklosich

Albanische Forschungen

1. Die slavischen Elemente im Albanischen

Franz Miklosich

Albanische Forschungen
1. Die slavischen Elemente im Albanischen

ISBN/EAN: 9783743608146

Hergestellt in Europa, USA, Kanada, Australien, Japan

Cover: Foto ©ninafisch / pixelio.de

Weitere Bücher finden Sie auf **www.hansebooks.com**

ALBANISCHE FORSCHUNGEN.

I.

DIE SLAVISCHEN ELEMENTE IM ALBANISCHEN,

MIT EINER EINLEITUNG,

WELCHE DIE AUSBREITUNG DES ALBANISCHEN VOLKSSTAMMES, DIE QUELLEN UNSERER KENNTNISS DER ALBANISCHEN SPRACHE, DIE LAUTE DERSELBEN UND DIE VERSUCHE, DIESE LAUTE DARZUSTELLEN, ZUM GEGENSTANDE HAT.

VON

Dr. FRANZ MIKLOSICH,

WIRKLICHEM MITGLIEDE DER KAISERLICHEN AKADEMIE DER WISSENSCHAFTEN

VORGELEGT IN DER SITZUNG AM 20. APRIL 1870.

WIEN

AUS DER KAISERLICH-KÖNIGLICHEN HOF- UND STAATSDRUCKEREI

IN COMMISSION BEI KARL GEROLD'S SOHN, BUCHHÄNDLER DER KAISERLICHEN AKADEMIE DER WISSENSCHAFTEN

1870

ALBANISCHE FORSCHUNGEN.

I.

DIE SLAVISCHEN ELEMENTE IM ALBANISCHEN,

MIT EINER EINLEITUNG,

WELCHE DIE AUSBREITUNG DES ALBANISCHEN VOLKSSTAMMES, DIE QUELLEN UNSERER KENNTNISS DER ALBANISCHEN SPRACHE, DIE LAUTE DERSELBEN UND DIE VERSUCHE, DIESE LAUTE DARZUSTELLEN, ZUM GEGENSTANDE HAT.

VON

Dr. FRANZ MIKLOSICH,
WIRKLICHEM MITGLIEDE DER K. AKADEMIE DER WISSENSCHAFTEN

(VORGELEGT IN DER SITZUNG DER PHILOSOPHISCH-HISTORISCHEN CLASSE AM 20. APRIL 1870.)

Einleitung.

Diese Einleitung zu einer Reihe von Abhandlungen, welche eine Darlegung der verschiedenen Bestandtheile der albanischen Sprache zur Aufgabe haben, enthält eine Übersicht I. der Wohnsitze des albanischen Volkes; II. der Quellen unserer Kenntniss der albanischen Sprache; III. der Laute der albanischen Sprache, und IV. der verschiedenen Bezeichnungsweisen dieser Laute.

I. Übersicht der Wohnsitze des albanischen Volkes.

Die Albanier bewohnen nicht nur das nach ihnen benannte Land, wo sie von Slaven serbischen und bulgarischen Stammes, von Macedorumunen und von Griechen umgeben sind: sie sind auch ausserhalb dieses Landes, in Montenegro, in einigen Gegenden der europäischen Türkei, in Klein-Asien, in Russland, in Griechenland, in Italien und Sicilien und endlich in Österreich angesiedelt.

In Montenegro, wo ihre Wohnsitze mit denen ihrer Stammgenossen zusammenhangen, sind sie eben so wie längs der Ostküste des adriatischen Meeres die ältesten uns bekannten Bewohner. In der europäischen Türkei haben sie sich im Nordosten nach der grossen Auswanderung der Serben unter dem Patriarchen Arsenius III. (Crnović) im Jahre 1690 ausgebreitet und sind im Lauf der Zeit bis an das linke Ufer der bulgarischen Morava

vorgedrungen, wie sie auch über den Kamm ihrer nördlichen Grenzgebirge nach Bosnien
hinein sich ausgebreitet haben; ausserdem bewohnen sie, abgesehen von zahlreichen kleine-
ren Niederlassungen, in grösserer Anzahl das südöstlich von Philippopel gelegene Arnaut-köi.
Über die Ausbreitung der Albanier in Klein-Asien ist mir Genaueres nicht bekannt.
In Russland finden wir Albanier in Volkoncśti, einem Dorfe Bessarabiens.
In Griechenland zählt man etwa 200.000 Albanier, die demnach den fünften Theil der
Gesammtbevölkerung des Königreichs ausmachen. Sie bewohnen ganz Attica und Megaris,
mit Ausnahme der Hauptstädte, den grösseren Theil von Boeotien, einen Theil von Lokris,
den südlichen Theil von Euboea, ungefähr ein Drittheil von Andros, ganz Salamis, Poros,
Hydra und Spezzia, einen Theil von Aegina und das kleine Eiland Anghistri in dessen Nach-
barschaft; sie machen die Hauptmasse der Bevölkerung aus in Argolis, Korinth und Sicyo-
nien und haben bedeutende Landstrecken in Arkadien, Lakonien, Messenien und Elis inne.
Die Ansiedelung der Albanier in Griechenland fand gegen das Ende des vierzehnten Jahrhunderts statt.

Die Zahl der in Italien und Sicilien sesshaften, noch nicht italienisirten Albanier beträgt
nach B. Biondelli 85.661 Seelen, von denen auf Italien (Neapel), in den beiden Calabrien,
Basilicata, Capitanata, Terra d'Otranto und Abruzzo Ulteriore 65.838, auf Sicilien 19.713
entfallen, während sie nach Camarda 100.000 erreicht, nach anderen sogar übersteigt. Die
Einwanderung der Albanier in Italien und Sicilien geschah schon einige Zeit vor, ausgiebiger
aber nach der gänzlichen Eroberung ihrer Heimat durch die Türken in der zweiten Hälfte
des fünfzehnten Jahrhunderts. B. Biondelli, Studi linguistici. Milano. 1856. 59—63. Nach
Gius. Spata, Studi etnologici di Niccolò Chetta su la Macedonia e l'Albania. Palermo. 1870,
fanden Einwanderungen in Unteritalien statt in den Jahren 1432, 1443, 1461, 1467, 1532,
1647, 1744 und zuletzt unter Ferdinand IV. (1759—1806), in Sicilien hingegen in den Jahren vor 1448, 1647 und zwischen 1520 und 1532, pag. 51, 52.

Österreich beherbergt Albanier in den beiden Dörfern Hrtkovci und Nikinci bei Mitroviz
im Peterwardeiner Regimentsbezirke und in Dalmatien in der Nähe von Zara, und zwar in
der Vorstadt Borgo Erizzo, kroat. Arbanasi, und in Ploča. Die ersteren, welche, dem Stamme
der Klementer angehörig, von den Serben Klimente, auch Cimirote genannt werden, und die
ihre Sprache Klimentiśt nennen, Wind. 88, betraten ihre heutigen Wohnsitze zur Zeit der
serbischen Einwanderung unter dem Patriarchen Arsenius IV. (Ioannović) 1737. Die dalmatinischen Albanier kamen in ihre jetzige Heimat 1726 unter dem venetianischen Provveditore
Erizzo aus den beiden Dörfern Albaniens Brisk oder Brist und Šest auf Betreiben des Vin-
cenz Zmajević, welcher, früher Erzbischof in Antivari (Bar), im Jahre 1711 Erzbischof von
Zara geworden war. Nachdem die Albanier in Zemunik aufgehört haben albanisch zu sprechen,
gibt es gegenwärtig nach den Mittheilungen meines verehrten Freundes, des Professors Ivan
Berčić, in Dalmatien 1.239 Albanier, von denen 1.174 in Borgo Erizzo, 65 hingegen in Ploča
wohnen. Ihre ersten Geistlichen, Albanier von Geburt, predigten albanisch; schon die näch-
sten Nachfolger derselben gebrauchten jedoch die kroatische Sprache auf der Kanzel, in der
Schule und im Beichtstuhle. Die Messe wurde bis zum Jahre 1855 kroatisch, seit dieser Zeit
wird sie lateinisch gelesen; das Volk antwortet jedoch, der alten Sitte folgend, auch jetzt
kroatisch. Da in den Familien nur albanisch gesprochen wird, so sprechen die Kinder bis
zum siebenten Jahre nur albanisch; später lernen sie kroatisch und etwas italienisch. Die
ursprünglich albanischen Bewohner von Peroj (alb. Pęrrúa, mit dem Artikel Pęrrói, Fluss-

bett, Thal) bei Pola in Istrien, welche 1657 einwanderten, haben ihre albanische Nationalität aufgegeben[1]). Die Zahl der Albanier in Österreich beträgt nach A. Ficker 3.500 Seelen. Die Völkerstämme der österreichisch-ungarischen Monarchie. 1869. 90.

Die Gesammtzahl der Albanesen in und ausserhalb ihrer ursprünglichen Heimat wird nach ungefährer Schätzung auf 1,900.000 Seelen angeschlagen.

Die Albanesen theilen sich bekanntlich in zwei Hauptstämme, den gegischen im Norden und den toskischen im Süden: als Scheide wird der Škumb angesehen; nördlich von dem genannten Flusse wohnen Gegen, südlich Tosken: derselbe Fluss schied nach Strabo VII. cap. 7 die illyrischen und die epirotischen Völkerschaften. Zu dem toskischen Hauptstamme gehören die Albanier Griechenlands und Italiens, zu dem gegischen die Österreichs.

II. Übersicht der Quellen unserer Kenntniss der albanischen Sprache.

1635.

Dictionarium latino-epiroticum una cum nonnullis usitatioribus loquendi formulis. Per R. D. Franciscum Blanchum, epirotam, coll. de propag. fide alumnum. Romae. Typis sac. congr. de propag. fide. 1635. 8. ohne Pag. I. Emin^{mis} principibus cardinalibus sacrae congreg. de propag. fide Franciscus Blancus fel. II. Giðe atune t arbenesceve ghi ta marrene me e tsghicëune e me e tsane. Hoc est ad epirotas seu albanenses lectores. Unterzeichnet: Une D. Frangu I Barðe, scholnar nde college te scintesse fee. III. Imprimatur. IV. Annotationes de lingua et litteris epirotarum seu albanesiorum. V. Vier lateinische Gedichte zu Ehren des Verfassers. VI. Index capitum. VII. Pag. 1—188. Dictionarium latino-epiroticum. VIII. 189—193. Cap. I. Te gnefuna te latiniset, talianiset, arbeniset e turgiset. Hoc est nomina numeralia latine, italice, epirotice et turcice. 194—195. Cap. II. Emena te e prindet maschie e femene, latiniset, talianiset, arbeni(s)et e turgiset. Hoc est nomina masculorum et foeminarum parentum, latine, italice, epirotice et turcice. 196—198. Cap. III. Emena te e gutetevet e te chesetielet Arbenit latiniset, talianiset e arbeniset. Hoc est propria nomina urbium nonnullarum atque castellorum ad eam partem Macedoniae spectantium, quae Epirus sive Albania dicitur, proponuntur secundum ordinem alphabeti latine, italice et epirotice digesta, ubi primum occurrit Antibarum etc. 199—203. Cap. IV. De adverbiis, quae traduntur apud epiroticos sicut etiam apud latinos. 204. Cap. V. De praepositionibus epiroticis. Fere omnes praepositiones anteponuntur nominibus, sunt vero eiusmodi etc. 206. Cap. VI. De interiectionibus. 207—217. Cap. VIII (richtig VII). Proverbia et sententiae epirotarum. 217. Salutatio epiroticae linguae hace est. 218—220. Dialogus interrogationum et responsionum epirotarum. 221—222. Aliae salutationes, pulchriores praecedentibus. Ohne Pag. Admonitio de erroribus.

Der Verfasser ist ein Albanier, l Barðe, latinisirt Blancus. Für ŋ, з, ð, z finden sich die bekannten Zeichen; λ wird durch ll ausgedrückt. Das ziemlich seltene Büchlein ist fast ganz unbenützt geblieben.

---

[1]) Die albanische Nationalität der Bewohner von Peroi ist jedoch nicht vollkommen sichergestellt. B. Biondelli, Studi linguistici 63, nimmt sie an und kennt auch im Gebiete von Parenzo Albanier: Il territorio di Parenzo, ove alquante famiglie albanesi vivono sparse in appartati casolari. C. A. Combi, Cenni etnografici sull'Istria. Trieste 1858, hält die Bewohner von Peroi für Montenegriner, d. h. für Slaven. Doch spricht auch er von albanischen Ansiedlungen in Istrien, namentlich in den Gebieten von Parenzo und Pola: Uniti poi Dalmati ed Albanesi furono trasferiti l'anno 1592 nei distretti di Parenzo e di Pola. Succedettero nuove introduzioni di genti per opera di Venezia nel 1623 e nel 1624: Albanesi la prima volta e Dalmati la seconda. 27. Derselbe bemerkt: Greci (griechische Einwanderungen) haben sicher nicht stattgefunden) ed Albanesi perdettero qui il loro speciale carattere. 28. Vergl. Hahn 1. 30. G. I. Ascoli, Studi critici I. 61. 82.

1664.

Dottrina christiana composta per ordine della fel. me. di Papa Clemente VIII. dal R. P. Roberto Bellarmino, sacerdote della Compagnia di Giesu. Che poi fù cardinale di santa chiesa del titolo di S. Maria in Via. Tradotta in lingua albanese dal rever. Don Pietro Budi da Pietra Bianca. In Roma. Nella stampa della sac. cong. de prop. fide. 1664. 8. Pag. 3. Imprimatur von „Franciscus Blancus electus episcopus Sappiensis et Sardanensis". Pag. 5—174. Doctrina etc. 175—285. Kirchenlieder. 286—288. Index.

Der Verfasser ist ein Albanier aus Petralba, Pietra Bianca, Guri i bar3e. Blancus 198. Die Orthographie ist die des Blancus. Von dem Büchlein ist 1868 eine „terza edizione nuovamente corretta" erschienen. Wann die zweite Auflage gedruckt worden, finde ich nirgends angegeben. Das Büchlein ist nicht benützt worden. Pietro Budi soll auch eine Grammatik des Albanischen geschrieben haben. Alter, Miscellaneen 160. v. Windisch, Ungarisches Magazin II, 85.

1685.

Cuneus prophetarum de Christo salvatore mundi et eius evangelica veritate, italice et epirotice contexta et in duas partes divisa a Petro Bogdano Macedone, sacr. congr. de prop. fide alumno, philosophiae et sacrae theologiae doctore, olim episcopo Scodrensi et administratore Antibarensi, nunc vero archiepiscopo Scuporum ac totius regni Serviae administratore. Pars prima. Patavii. 1685. Ex typographia Seminarii. Fol. Ohne Pag. I. Italienische Dedication an den Kardinal Gregorius Barbadicus, Bischof von Padua. II. Lateinisches Gedicht an denselben von Matthaeus Thomasaeus. III. Imprimatur. IV. Andr(e)ae Zmaievich, archiepiscopi Antibarensis, Dioclensis, totius regni Serviae primatis, suo Epiro etc. Lateinisches Gedicht. V. Sciume ndricimit e sciume nderscimit zotit, zotit, per ndeer, zotit Andree Zmaievich, argiupesckepit Tivarit, Dioclie, parit Scerbiisse etc. Albanisches Gedicht. VI. Serbisches Gedicht an Peter Bogdan. VII. Lateinisches Gedicht an denselben von Paulus Ritter. VIII. Albanisches Gedicht an denselben von D. Luca Summa prej Scodre. IX. Serbisches Gedicht an denselben. X. Lateinisches Gedicht an denselben von Matthäus Thomasaeus, nobilis Dalmata. X. Lateinisches Gedicht an denselben von demselben. XI. Eben so. XII. Italienisches Gedicht an denselben von demselben. XIII. Italienisches Gedicht an denselben von Silvestro Antonii. XIV. Albanisches Gedicht an denselben von Luca Bogdani. XV. Albanische Vorrede des Verfassers. XVI. Avvertimenti per leggere correttamente in lingua albanese. 1—182. Italienisch-albanischer Text. Pars secunda. Patavii. 1685. 1—162. Italienisch-albanischer Text. Ohne Pag. I. Italienischer und albanischer Index. II. Antichità della Casa Bogdana. Italienisch und albanisch. III. Alphabetum arabicum, epiroticum, armenum, latinum, graecum, hebraeum, syriacum.

Der Verfasser ist ein Albanier. Zu den Zeichen für ŋ, ȝ, đ, z tritt λ. e̦ wird durch è ausgedrückt. Das Buch ist für die Kenntniss des Albanischen nicht verwerthet worden.

1716.

Osservazioni grammaticali nella lingua albanese del P. Francesco Maria da Lecce, min. oss. rif., esprefetto apostolico delle missioni di Macedonia. In Roma. Nella stamperia della sag. cong. di prop. fede. 1716. 4. Ohne Pag. I. Dedication. II. A chi legge. III. Agli alunni delle missioni. Italienisch und albanisch. Text 1—228.

Der Verfasser ist wahrscheinlich ein Albanier aus Calabrien. Die Schreibweise wie bei Bogdan. Das Buch ist benutzt worden von J. S. Vater in seinen Vergleichungstafeln: Albanesische Grammatik nach F. M. da Lecce. 1822. 8., von Fr. Bopp, Über das Albanesische in seinen verwandtschaftlichen Beziehungen. Berlin. 1855. und von J. C. Hobhouse, Travels in Albania. Appendix.

1743.

Breve compendio della dottrina cristiana tradotta in lingua albanese per l'utilità e istru-
zione dei fanciulli di quella nazione, da un nazionale del regno di Servia, alunno della s. con-
gregazione. In Roma. 1743. Nella stamperia della s. congr. de propaganda fide. 46 pag. in 8.

Der Verfasser ist ein Albanier. Die Orthographie wie bei Bogdan: nur wird neben λ auch ll gebraucht. ę wird durch
ae bezeichnet.

1770.

Πρωτοπειρία παρὰ τοῦ σοφολογιωτάτου καὶ αἰδεσιμωτάτου διδασκάλου, ἱεροκήρυκος καὶ πρωτοπαπᾶ
κυρίου Θεοδώρου Ἀναστασίου Καβαλλιώτου τοῦ Μοσχοπολίτου. Ἐνετίησιν. 1770. Παρὰ Ἀντωνίῳ τῷ
Βόρτολι. 8. Das Vocabular ist abgedruckt in Johann Thunmann's Untersuchungen über die
Geschichte der östlichen europäischen Völker. Erster Theil. Leipzig. 1774. 8. Seite 181—238.
Nach Thunmann pag. 178 besteht die Protopeiria aus 104 Seiten. Pag. 5—12 ein griechi-
sches ABC-Buch. 13—59. Wortregister, neugriechisch, wlachisch, albanisch. Darauf folgen
pag. 59—81 Sprüche u. dgl. für Kinder auf griechisch. 81—92 die gewöhnlichen griechischen
Kirchenlieder, von denen eines auch wlachisch übersetzt ist. Zuletzt stehen die griechischen
Zahlwörter, die Ziffern, das Einmaleins und ein lateinisches ABC-Buch; diesem war in Thunmann's Exemplar auch ein slavonisch-bulgarisches ABC-Buch beigefügt.

Der Verfasser verstand nach Thunmann griechisch, wlachisch und albanisch als Muttersprachen. Derselbe bedient
sich auch für das Albanische und Wlachische des griechischen Alphabetes. Ausser Thunmann hat das Büchlein W. Martin-
Leake benützt in seinen Researches in Greece. p. 289. Wenn ich die Lautbezeichnung von Kaballiotes mit der von Hahn
vergleiche, so finde ich das Urtheil Leake's über jenen nicht richtig, dass er die albanischen Laute unvollkommen ausdrücke
(imperfectly expresses).

1782.

Von den Klementinern in Syrmien. Von v. Windisch. Ungarisches Magazin. Pressburg.
1782. 8. II. 77—89. Enthüllt unter anderem ein Wortregister.

Vor 1800.

Variboba, nel secolo XVIII, pubblicò alcune poesie sacre. Rada, Rapsodie 13.
Ordinanza militare stampata nel secolo XVIII in albanese-italiano pel reggimento real
Macedone. Rada, Rapsodie 13.

1802.

Εἰσαγωγικὴ διδασκαλία περιέχουσα λεξικὸν τετράγλωσσον τῶν τεσσάρων κοινῶν διαλέκτων ἤτοι τῆς
ἁπλῆς ρωμαϊκῆς, τῆς ἐν Μοισίᾳ βλαχικῆς, τῆς βουλγαρικῆς καὶ τῆς ἀλβανιτικῆς. Συντεθεῖσα παρὰ τοῦ
αἰδεσιμωτάτου καὶ λογιωτάτου διδασκάλου, οἰκονόμου καὶ ἱεροκήρυκος κυρίου Δανιὴλ (Μιχάλη Ἀδάμη
Χατζῆ) τοῦ ἐκ Μοσχοπόλεως. s. l. 1802. 4. Ohne Pag. Dedication. Στίχοι ἁπλοῖ κατὰ ἀλφάβητον
ἀνεπίγραφοι etc. Pag. 1—36. Lexikon: Neugriechisch, Wlachisch, Bulgarisch, Albanisch.
37—54. Katechismus, neugriechisch. 55—92. Allerhand: Naturkunde, Arithmetik, Titula-
turen, neugriechisch.

Das Albanische wird mit griechischen Buchstaben geschrieben und zwar minder genau als von Kaballiotes. Das
Büchlein wurde benützt und das Lexikon mit lateinischen Lettern abgedruckt von W. Martin-Leake in seinen Researches
in Greece, pag. 289, 381, 383—402.

1813.

J. C. Hobhouse, Journey through Albania. London. 1813. 4. Enthält 1123—1147 einen Auszug aus den Osservazioni von Fr. Maria da Lecce.

1820.

F. C. H. L. Pouqueville, Voyage dans la Grèce. Paris. 1820, 1821. 8. 5 voll. Enthält 2. 617—723 eine Sammlung von etwa 500 Wörtern.

1827.

Ἡ καινὴ διαθήκη τοῦ κυρίου καὶ σωτῆρος ἡμῶν Ἰησοῦ Χριστοῦ δίγλωττος, τουτέστι γραικικὴ καὶ ἀλβανητική. Ἐπιστασίᾳ Γρηγορίου, ἀρχιεπισκόπου τῆς Εὐβοίας. Κορφοί. Ἐν τῇ τυπογραφίᾳ τῆς διοικήσεως. 1827. 8.

Die Schrift ist griechisch mit diakritischen Zeichen und einigen Bereicherungen.

1828.

Pun t' nevoiscem me u dytun per me scelbue scpjrtin etc. Romae. 1828. 8. Ex Typis S. C. de propaganda fide. Zwei Blätter in 8.   *

1829.

B. Kopitar in den Wiener Jahrbüchern. 1829. Band 46, pag. 60—106. Der Aufsatz enthält pag. 103—104 eine von den Brüdern Anastasius und Spyridon Tzellio aus Argyrókastron verfasste albanische Übersetzung der Parabel vom verlorenen Sohne. Luc. 15. 11—32.

Die Übersetzung ist mit lateinischen und, wo diese nicht ausreichen, mit serbischen Buchstaben geschrieben.

1835.

Die Sprache der Albanesen oder Schkipetaren. Von J. Ritter v. Xylander. Frankfurt am Main. 1835. 8. III—XIII. Vorrede. 1—83. Grammatik der albanesischen Sprache nach Lecce, Leake und der Bibel-Übersetzung. 84—150. Sprachproben. 151—272. Wörtersammlung. Deutsch-albanesisch und albanesisch-deutsch. 273—320. Andeutungen über Verwandtschaft und Abstammung der albanesischen Sprache.

In der Bezeichnung der Laute folgt Xylander der Übersetzung des Neuen Testamèntes.

1843.

Girolamo de Rada, Canti di Serafina Topia. Poema albanese. Napoli. 1843.

1845.

Vinc. Basile, Via del paradiso proposta ai cristiani di Albania. Roma. 1845. 18.

1845.

Dottrina christiana del card. Bellarmino, della compagnia di Gesù, tradotta in albanese dal P. Giuseppe Guagliata, della medesima compagnia. Roma. Coi tipi della s. c. de propaganda fide. 1845. 8. pag. 1—7. Dedica, italienisch und albanisch. 8—11. Avvertimento. Aussprache u. s. w. 12—288. Katechismus, italienisch und albanisch.

1847.

Girolamo de Rada, Milosao. Poemetto albanese volgarizzato in italiano. Napoli. 1847. Seconda edizione.

1847.

Girolamc de Rada, Quattro canti albanesi con la traduzione italiana. Napoli. 1847.

1847.

Girolamo de Rada, Poesie albanesi. Napoli. 1847. 8. Albanisch und italienisch. 7—8. Dalla grammatica albanese di Camillo de Rada. 9—352. Text.

1853.

Albanesische Studien von Johann Georg v. Hahn. Wien. 1853. 8. I. Geographisch-ethnographische Übersicht. Reiseskizzen. Sittenschilderungen. Sind die Albanesen Autochthonen? Das albanesische Alphabet. Historisches. II. Beiträge zu einer Grammatik des toskischen Dialektes. Albanesische Sprachproben. III. Beiträge zu einem albanesisch-deutschen Lexikon. Deutsch-albanesisches Verzeichniss der in dem albanesisch-deutschen Lexikon enthaltenen Wörter.

Durch den zweiten und dritten Theil dieses Werkes, namentlich die Darstellung der Lautverhältnisse, ist unsere Kenntniss des Albanischen wesentlich gefördert worden. v. Hahn gebraucht das griechische Alphabet und bezeichnet die dem griechischen fehlenden Laute theils durch lateinische Buchstaben, theils durch über den griechischen Buchstaben gesetzte diakritische Zeichen.

1855.

Noctes pelasgicae vel symbolae ad cognoscendas dialectos Graeciae pelasgicas collatae cura Caroli Henrici Theodori Reinhold, classis regiae medici primarii. Athenis. 1855. I. Γραμματική. 1—40. II. Πρόδρομος λεξικοῦ. 1—80. III. Ἀνθολογία. Λύρα Καλαυρίας, Ὑδρέας καὶ Ἁλιούσης. 1—28. Darauf folgt Alphabetum physiologicum pelasgicum.

Reinhold schreibt das albanische mit lateinischen Buchstaben. Sein Werk ist eine dankenswerthe Ergänzung des Hahn'schen.

1855.

Über das Albanesische in seinen verwandtschaftlichen Beziehungen von Franz Bopp. Berlin. 1855. 4.

1857.

L. Vigo, Canti popolari siciliani. Catania. 1857. 8. pag. 338—354. Canti sicolo-albanesi von Giuseppe Crispi.

Durch grosse Incorrectheit des Textes leider wenig brauchbar.

1861.

Studi critici di G. I. Ascoli. I. Cenni sull' origine delle forme grammaticali. Saggi di dialettologia italiana. Colonie straniere in Italia. Frammenti albanesi (pag. 79—101). Gerghi.

1862.

Uða e sceites cruė e tiera pun' t' divocnic, sckruem prei gni frat t' sceitit isc' Franzcsckut. (Via crucis.) N' Rom. Mc sctampen t' sceitit cuvend, ći munohet mc àpun feen. 1862. 8. 276 pagg.

1863.

Confessione pratica italico-epirotica per uso de' novelli missionarii di Epiro, scritta dal P. B. D. F., min. oss. dell' alma provincia di S. Bernardino, ex-missionario apostolico. Roma. Coi tipi della s. congreg. de prop. fide. 1863. 107 pagg.

1864.

Moj' i majit sciugurnum zois bekħeme divoziòn j diftnum scciuptarvet prei P. Gaitanit Bruschi j sciocniis Jczus, miescter n' collèg t' scupniis nnen ħucem t' scêitet at pap n' Sckoder. Mc sctampen t' scêitit cuvèn t' propàgands n' Rom. 1864. 163 pagg.

1864.

Saggio di grammatologia comparata sulla lingua albanese per Demetrio Camarda. Livorno. 1864.

Griechische Bnchstaben, im Ganzen mit den von Hahn eiugeführten Modificationen des Alphabets des Neuen Testamentes.

1866.

Rapsodie d' un poema albanese, raccolte nelle colonie del Napoletano, tradotte da Girolamo de Rada e per cura di lui e di Niccolò Jeno de' Coronci ordinate e messe in luce. Firenze. 1866. 8. 106 pagg.

1866.

Regole grammaticali della lingua albanese, compilate dal P. Francesco Rossi da Montalto Ligure. Roma. 1866. 8.

Im Grunde eine neue Anflage der Osservazioni grammaticali von Fr. Maria da Lecce, jedoch keino verbesserte.

1866.

Vocabolario italiano-epirotico con tavola sinottica, compilato dal P. Francesco Rossi da Montalto Ligure. Roma. Stamperia della s. c. de propaganda fide. 1866. 8. 953 pagg.

Ein reichhaltiges Wörterbuch, dessen Benützung leider durch die inconsequente Lautbezeichnung schwierig wird.

1866.

Appendice al saggio di grammatologia comparata sulla lingua albanese per Demetrio Camarda. Prato. 1866.

Eine reichhaltige Sammlung von Sprachproben.

1866.

Hieronymi de Rada carmina italoalbanica quinque transcripsit vertit glossario notisque instruxit Theophilus Stier. Brunsvigae. 1856. 4.

Aus Rada, Poesie albanesi, pag. 140—196.

1866.

Urat per meu ϑan nann dit fara festès t' sccitet sc' Francesck kϑu̯e sc-ciu̯p prei ltinit prei P. Tom Marcozzit francesckan. Rom. Me sctamp t' cuvenit sceit t' propagandes. 1867. 16. 82 pagg.

1867.

T' verteta t' paa-sosme kaltsue prei sceitit Alfonso M. de' Liguori e do divozione e msime tiera kϑu̯e n' fial e n' ghiù arbnore prei gni mesctarit scodran. Me sctampen t' scêitit cuvèn t' propàgands n' Rom. 1867. 16. 302 pagg.

1868.

Cuvendi i arbenit o concilli provintiaalli mbelieϑune viettit mije sctat cint e tre ndne schiptarin Clementin XI. pape pretemaϑin. E du̯ta sctamp. Concilium albanum provinciale sive nationale habitum anno MDCCCIII. Clemente XI. pont. max. albano. Editio secunda, posteriorum constitutionum apostolicarum ad Epiri ecclesias spectantium appendice ditata. Romae. Typis s. congregationis de propaganda fide. 1868. 8. Albanische Übersetzung. 166 pagg.

Von dem Buche: Radojet, Gesù al cuore del sacerdote. Roma. ist mir das Druckjahr unbekannt.

Neben Blanchus und Bogdan wird Uϑa 81. 108. 136. P. Luk(a) als albanischer Schriftsteller angeführt, welcher vielleicht der oben 4. genannte D. Luca Summa prej Scodre ist: von seinen Werken habe ich nirgends nähere Nachricht gefunden.

Ausser den genannten Schriften habe ich bei meinen Studien benützt: 1. ein handschriftliches Verzeichniss von etwa 2.000 albanischen Wörtern, welche ich in den Vierziger Jahren einem Gegen abgefragt habe; 2. einige Lieder, welche Vuk Stefanović Karadžić aus dem Munde eines aus dem nordöstlichen Theile des von den Albaniern bewohnten Gebietes aufgezeichnet hat; 3. ein kleines Verzeichniss von Wörtern aus der Sprache der Albanier Dalmatiens und einige Lieder derselben, welche ich der Freundlichkeit des Professors Ivan Berčić in Zara verdanke.

III. Übersicht der Laute der albanischen Sprache.

A. Einfache Laute.

a) Vocale.

Ausser den Vocalen a, i und u, e und o besitzt das albanische noch zwei, welche Hahn durch das griechische υ und durch ε bezeichnet: jener lautet wie deutsch ü, dieser ist der von Lepsius, Standard Alphabet. II. ed. 48, „indistinct vowel" genannte Vocal, über welchen Brücke, Grundzüge der Physiologie und Systematik der Sprachlaute 24, handelt: er lautet, wie schon Leake, Researches in Greece, London 1814. 260, bemerkt hat, wie u oder o in den englischen Wörtern burn, son: „ε is a vowel between the italian a and e, uttered deep in the throat, being the same as the vowel-sound in the English words burn, son, but generally very short." Unrichtig ist Hahn's Ansicht II. 3, nach welcher ε „vollkommen dem deutschen sogenannten stummen e entsprechen" soll, indem nach Brücke 24 dort, wo man im deutschen ein solches stummes e annahm, kein Vocal vorhanden ist, vielmehr die Consonanten einfach an einander gereiht werden. Dass die diesen Vocal enthaltende Sylbe accentuirt sein kann, beweisen ausser dem albanischen (νέμε) das neuslovenische (vèn foras), das bulgarische (vъn foras) und das rumunische (rĕd rideo). Dieser Vocal kann aber im albanischen auch gedehnt werden und lautet dann wie deutsch ö: βε tosk. ich lege. Hahn II. 3. Im altslovenischen entsteht durch die Dehnung des ъ (e) der Laut ъi, der durch y bezeichnet wird. e wird im Anlaute — denn abweichend von anderen Sprachen kennt das albanische diesen Vocal auch im Anlaute — vor m und n nicht geschrieben: mboðís für emboðís aus griech. ἐμποδίζω; ngůšte für engůšte aus lat. angustus. Im gegischen wird auch in- und auslautendes e häufig in der Aussprache vernachlässigt: mlage geg. malva für meláge tosk.; šokníj für tosk. šokerlj societas; dör für tosk. dóre manus; geg. jétes sing. gen. dat. neben jets, jenes im Gebirge, dieses in der Stadt. Uða. 130. e kann auch im Anlaut vor r und im Inlaut zwischen r und einem Consonanten entfallen, wodurch Formen entstehen wie rfůem confiteri; brtit clamare; brdak urceus; trguz restis; te mrkur dies mercurii; mrðíhna ich erkälte mich. Dalm., in denen r sylbenbildend ist. Die lateinisch schreibenden Gegen bezeichnen den Laut e entweder durch è oder e.

Lepsius folgend drücke ich den kurzen unbestimmten Vocal durch e̯, den gedehnten hingegen durch e̱, ŭ durch u̯ aus; die übrigen Vocale bezeichne ich durch a, i, u, e, o.

Die langen Vocale werden von mir durch einen darüber gesetzten Strich bezeichnet: ā: kāl', kusär; ī: bīr, dī t. neben g. dij; ū: kūr, kūlm; ē: kalamёt. Raps., zĕλ R.; ō: spörte. Bogdan, fört. Uða; u̱: du̱ste, du̱š; e̱: pe̱, mit dem Artikel pe̱ri t., pre̱j.

Den Ton drücke ich durch den Acut aus: prévé gangbarer Weg; prévé eine Art Schlange.

Das albanische besitzt auch den im altgriechischen durch den Spiritus asper ausgedrückten Hauch: h. Brücke 8. h und der gutturale Consonant χ werden jedoch nicht unterschieden

b) Consonanten.

I. In der labialen Consonantenreihe besitzt das albanische die Verschlusslaute p, b; die Reibungsgeräusche f, v und den Resonanten m. Hinsichtlich dieser Laute machen die Albanologen nur die Bemerkung, dass mm von manchen wie mb, im Anlaute wie emb gesprochen wird: „Quando trovansi due m, (alcuni) fanno sentire dopo la prima il suono di b". Guagliata 10, d. h. ursprüngliches oder für das albanische als ursprünglich vorauszusetzendes mb wird nach Verschiedenheit der Gegenden wie mb oder wie mm ausgesprochen.

II. In der dentalen Consonantenreihe finden wir im albanischen die Verschlusslaute t, d; die Reibungsgeräusche s und z; so wie ϑ und ð, l und λ, die Zitterlaute r und ρ und den Resonanten n.

Über t, d und s ist nichts zu bemerken: s lautet stets wie s im Anlaute italienischer Wörter: suo.

Dagegen lautet z nicht genau so wie der entsprechende Laut anderer Sprachen, sondern mit gedehntem Summen, wie sich aus der folgenden Beschreibung zu ergeben scheint: „Il valore del z sarebbe come il zeta, ma non devesi così pronunciare, che sarebbe troppo secca la pronuncia, e sarebbe parimenti errore, devesi dunque pronunciare grassa, cioè col zeta farci sentire ancora avanti di esso ð, un tantino del s, risuonante a guisa del rumore, che fanno i mosconi, che in tal modo si pronuncierà giusto zot." Lecce 2. „Il valore del z è tanto delicato, che dagl' Italiani con difficoltà si capisce." 200. Derselbe Laut soll jedoch im toscanischen, unter anderen in der Endung oso: pericoloso vorkommen.

ϑ und ὀ lauten genau so wie im neugriechischen. Nicht sicher bin ich hinsichtlich des Unterschiedes zwischen l und λ, und ich muss mich damit begnügen, im nachstehenden die Angaben sämmtlicher Albanologen zusammenzustellen. „λ si pronuncia appunto come il lam greco o arabo; essendo questo il suo valore, la pratica di pronunciarlo giusto sarà così: si metta in pronuncia da noi la lettera l nostrale, ed osserviamo, a che parte del palato toccherà la punta della lingua, troveremo, che si appoggia al palato e tocca un tantino i denti superiori di avanti, ritiriamo di grazia un tantino la punta d'essa lingua più dentro il palato, acciò non tocca i denti, e così pronunciando la lettera l nostrale muterassi in un subito in lam albanese.“ Lecce 2. „λ si pronuncia come la lettera l, ma però un tantin più grassa.“ 220. „λ greco nel luogo di doppio l come λυλα e kazanit tromba del lambico.“ Bogdan, Einleitung. „l represents an l pronounced in the fauces, and nearly resembling the Italian gl.“ Leake 261. Vuk Stef. Karadžić schreibt dem alb. λ den Laut des griech. lambda zu. „λ μακρὸν καὶ βαρύ: πόλι ἐγέννησε, κίελ οὐρανοί.“ Neues Testament. „In einigen Gegenden scheint die Unterscheidung eines doppelten reinen λ, von welchem das eine tief aus dem Schlunde hervorgeholt, das andere mit der Zungenspitze gebildet wird, ziemlich festzustellen. Die Versuche des Verfassers, diese beiden Laute zu scheiden, waren jedoch vergeblich.“ Hahn II. 3. Reinhold I. 3 unterscheidet für das in Griechenland gesprochene albanisch ein dreifaches l: „l, l̄ = lj, λ = v, u ἢ ἄφωνον.“ „λ doppio e bleso“. Guagliata 10. „λ si pronuncia come lambda greco, mettendo la punta della lingua al palato, come mrecuλ miracolo, veλaa fratello ecc.“ Rossi, Vocabolario, Einleitung. Dieselbe Angabe wird in den Regole grammaticali mit Hinzufügung einer grösseren Anzahl von Beispielen wiederholt. Nach einer Mittheilung lautet λ bei den dalmatinischen Albaniern etwas schwächer als das polnische l. Nach meiner Erinnerung sprach auch der Gege, den ich vor etwa einem Vierteljahrhundert über seine Muttersprache befragte, λ ungefähr wie polnisch l aus. Sicher unrichtig ist die oben angeführte Ansicht Leake's, λ sei wie ital. gl auszusprechen, obgleich diese Ansicht darin eine Stütze zu finden scheint, dass die dalmatinischen Albanier das mouillirte l der Kroaten durch λ wiedergeben: voλa, u poλu, kraλa für volja, u polju, kralja. λ, das Hahn vom l nicht scheidet, kommt nicht nur in eigentlich albanischen, sondern auch in entlehnten Wörtern vor: feλe profunditas; foλe loqui; hoλ acutus; njeguλ nebula; pertsjeλe comitari; veλa frater u. s. w. λ findet sich sowohl in den aus dem romanischen als in den aus dem türkischen entlehnten Wörtern: apostuλ, artikuλ, bauλ it. baule; diäλ diabolus; kjeλ coelum; maskuλ, misaλ, Paλ Paulus, popuλ, Portugaλ; praλ§ parabola; priλ aprilis; bataλ it. sodo; budaλ stupido; hamaλ facchino; kalabaλék affluenza; koλaiλuk agevolezza u. s. w.

Eben so wenig wie der Unterschied zwischen l und λ ist mir der zwischen r und ρ klar. Auch darüber kann ich nur die Angaben der Albanologen zusammenstellen. „Die Albanesen unterscheiden zwischen einem schwachen und einem starken ρ. Das letztere wird durch ρρ ausgedrückt. Beide Laute werden, wie im neugriechischen, niemals im Hintergaumen, sondern durch Anschlag der Zungenspitze an den Vordergaumen gebildet.“ Hahn 2. 4. „Una r semplice si pronunzia molto dolce in modo da far sentire un' e avanti r, e in ciò si stia molto attento per non dare in equivoci grossolani.“ Guagliata 9. ρ findet sich sowohl in ursprünglich albanischen als auch in entlehnten Wörtern: ρapp Platane; ρaχ schlage; ρe Eingeweidewurm; ρeδój umringe; ρeϑ, ρeδi Reif eines Fasses, Rades; ρénç Lüge; ρaρ nehme; ρaρój mache verrückt; ρoρ Laus und ρáλ§ rarus; ρíkç Rettig von radicem, radix; ρóbç Kleid, it. roba; ρotç rota; ρótuλç, it. rotolo; ρúgç Gasse, mlat. ruga, frz. rue u. s. w. In der Aussprache des r ist

2*

es vielleicht gegründet, dass dem alb. rádę (türk. ɑrā, arāia ex ordine) Reihe ngriech. ἀράδα gegenübersteht. Auch das mrum. scheint den Laut ρ zu besitzen: wenigstens finde ich bei Kab. in ρράου (rręu) lat. rivus, τουρρόλου (turrólu) lat. turris das an- und inlautende r eben so bezeichnet wie das albanische ρ: σσάρρα serra šárę; κούρρα aliquando kŭrę; μάρρα stolidus márę; μορρ pediculus moρ u. s. w. Kab. 220. 221. 231. 238.

Wie ursprüngliches mb nach Verschiedenheit der Gegenden wie mb oder wie mm, so lautet auch ursprüngliches nd wie nd oder wie nn. „Quando in principio, in mezzo o in fine di parola trovansi due n, alcuni fanno sentire dopo la prima un leggiero suono di d." Guagliata 10. Nach Uða 5. wird nn in der Stadt, nd im Gebirge (nel montano) gesprochen. Auch der Neapolitaner spricht funno für fondo. Diez 1. 82. Schuchardt 1. 86. Wahrscheinlich zieht der Städter auch nm, der Gebirgsbewohner hingegen das ältere mb vor.

III. In der gutturalen Consonantenreihe hat das albanische die Verschlusslaute k, g und die Reibungsgeräusche h, j.

Hahn unterscheidet für das toskische ein zweifaches g, von denen er das eine durch γ, das andere hingegen durch γ̇ bezeichnet; jenes entspricht dem neugriechischen γ vor α, ο und ου und vor liquiden Consonanten, dieses hingegen dem deutschen g. Im gegischen scheint nur ein g und zwar das deutsche vorzukommen. Aber auch für das toskische scheint Hahn's Unterscheidung nicht stichhältig zu sein, und beruht wohl nur darauf, dass in einigen südlichen Gegenden g „wie ein im Kehlkopfe gebildetes gelindes ch ausgesprochen wird." III. 18. In Hahn's Lexikon findet sich kein γ enthaltendes Wort mit Ausnahme der Pronomina κύῖγ hic; κετίγ huius; ατίγ illius m.; κεσάιγ huius; ασάιγ illius f. und der I. sing. praes. act. der meisten Verba: κερχόιγ quaero; θάιγ sicco; πεγέιγ inquino u. s. w. Allein in allen diesen Fällen wird ιγ wie j gesprochen: kuj, kętíj, atíj, kęsáj, asáj, kęrkój, ϑáj, pęgéj u. s. w.

Hahn unterscheidet ferner χ̇ und χ; jenes ist der Hauchlaut h, dieses das ngriech. χ sowohl vor α, ο, ου, als auch vor ε, ι, υ, für welche zwei Laute das von Hahn entdeckte alte albanische Alphabet zwei Zeichen enthält. Im gegischen besteht ein Unterschied zwischen h und χ nicht. Aber auch im toskischen ist er mit den vorhandenen Mitteln nicht durchführbar, weder im Auslaute, wie Hahn II. 4. selbst zugibt, noch auch im Anlaute, indem Hahn III. 143. und 149. genöthigt ist zu bemerken, dass die unter χ fehlenden Worte unter χ̇ zu suchen sind und umgekehrt.

B. Zusammengesetzte Laute.

Zusammengesetzte Laute sind Verbindungen mehrerer Laute zu éinem einzigen, dessen Bestandtheile das Ohr nicht unterscheidet.

Von den zusammengesetzten Lauten sind die abkürzenden Schreibungen zu unterscheiden, welche zwei auf einander folgende Laute durch éin Zeichen ausdrücken. Hieher gehören slavisch c und č für ts und tš. Ähnliche Abkürzungen könnten für dz und dž eingeführt werden, wie das glagolitische sowohl als das cyrillische Alphabet ursprünglich ein Zeichen für dz besass und das cyrillische Alphabet in ziemlich später Zeit mit einem Zeichen für dž bereichert wurde.

a) Zusammengesetzte Vocale.

Zusammengesetzte Vocale entstehen durch die Verbindung von Vocalen mit einem darauf folgenden Resonanten. Man nennt sie daher nasale Vocale. Ich bezeichne sie im

Anschluss an Lepsius durch einen Circumflex über dem Vocal. Die nasalirten Vocale sind eine Eigenthümlichkeit des gegischen und fehlen dem toskischen ganz und gar. Diese nasalirten Vocale finden sich 1. im Auslaute und lösen sich bei dem Antritte eines Vocals in ihre Bestandtheile auf: g. zã, mit dem Artikel zắni, t. zẽ, zẹ̃ri vox; g. l'ĩ, l'ĩni, t. l'i, l'ĩri linum; g. drū, drúni, t. dru, drúri lignum; g. frẽ, frếni, t. frẽ, frẹ̃ri frenum; g. zõ neben zã vox; g. sũ, sụ́ni, t. sụ, sụ́ri neben sụ́u oculus; sie finden sich 2. im Inlaute vor Consonanten: g. vãϑ, váϑi, t. vnϑ, váϑi inaures; g. fšisẹ, fšisa, t. fšésẹ, fšésa scopa; g. frũϑ, frúϑi, t. frúϑ, frúϑi Masern; g. pës neben pes, t. pésẹ quinque. Ob im Inlaut vor Vocalen nasalirte Vocale stehen, kann ich nicht entscheiden; die Schreibung bâin faciunt; t' pervűit subiectio, Guagliata 257. 261, lässt es vermuthen, obgleich andere Sprachen, welche nasalirte Vocale haben, wie die altslovenische, polnische, französische, vor Vocalen nicht nasaliren. Der nasalirte Vocal kommt jedoch im Piemontesischen auch vor Vocalen vor (n torinese), indem n z. B. in patruna ungefähr wie ein deutsches ng mit halb unterdrücktem g gesprochen wird. Diez 1. 323: patruna wäre daher nach der hier angewandten Lautbezeichnung patrūa zu schreiben. Im Anlaute kennt das Albanische keine Nasalirung: in ẹmbastój sufficio; ẹngarkój onero wird deutlich çm, çn, nicht etwa ẽ gesprochen.

b) Zusammengesetzte Consonanten.

Zusammengesetzte Consonanten entspringen aus der Verbindung von Consonanten mit darauffolgendem j. Dadurch entstehen l', ń, ferners k', ǵ und endlich š, ž. Über l', ń, š, ž ist nichts zu bemerken. k' und ǵ lauten wie serb. ḱ (ć) und ǵ (gj, dj), welche Brücke 75 durch t³χ¹ und t³j¹ darstellt. „Nelle sillabe chi e ghi la h a un suono così schiacciato e sottile, che si avvicina al ci e gi." Guagliata 9. Nach Uôa 5. scheint jedoch in der Stadt die Aussprache ki und gi, im Gebirge die Aussprache k'i und ǵi zu herrschen.

Zusammenstellung der Laute.

A. Einfache Laute.

a) Vocale.

α) kurz:

a, i, u, e, o, ụ, ç.

β) lang:

ā, ī, ū, ē, ō, ụ̄, ẹ̄.

Hauchlaut h.

b) Consonanten.

	Verschlusslauto	Reibungsgeräusche	Zitterlaute	Resonanten
Labiale:	p, b	f, v		m
Dentale:	t, d	s, z	ρ, r	n
		ϑ, δ		
		l, λ		
Gutturale:	k, g	h, j		

B. Zusammengesetzte Laute.

a) Zusammengesetzte (nasalirte) Vocale.

ã, ĩ, ũ, ě, õ, ų̈.

b) Zusammengesetzte (jotirte) Consonanten.

l', ń; k', ǵ; š, ž.

IV. Übersicht der Bezeichnungsweisen der Laute der albanischen Sprache.

Alphabet des Verf.	Blanchus 1835	Bogdan 1685	Fr. Maria da Lecce 1716	Kaballio-tes 1770	Tetragl. 1802	Leake 1814	Neues Test. 1827	Guagliata 1845	Hahn 1855	Reinhold 1855	Rada 1866
a	a	a	a	α	α	ā	α	ἀ	α	a	a
i	i	i	i	ι	ι	i	ι	i	ι	i	i
u	u	u	u	ου	ου	u	ου	u	ου	u	u
e	e	e	o	ι	ι	e	ι	e	ι	é	e
o	o	o	o	ο	ο	ο	ο	o	ο	o	o
ụ	8	ʒ	8	ιου	υ	u	υ	8	υ	ü	—
ẹ	e	e, è	e, è	ꞔ	ꞔ	e	ι	e	ι	e, ö	υ
h	h	h	h	χ	χ	kh	χ̇	h	χ̇	h	h
p	p	p	p	π	π	p	π	p	π	p	p
b	b	b	b	μπ	π̇	b	π̇	b	b	b	b
f	f	f	f	ꝑ	ꝑ	f	ꝑ	f	ꝑ	f	f
v	v	v	v	β	β	v	β	v	ꝟ	v	v
m	m	m	m	μ	μ	m	μ	m	μ	m	m
t	t	t	t	τ	τ	t	τ	t	τ	t	t
d	d	d	d	ντ	τ	d	ð·	d	d	d	d
s	s, ss	s, ss	s, ss	σ	σ	s	σ	s	σ	s, ss	s, ss
z	ʒ	ʒ	ʒ	ζ	ζ	z	ζ	ʒ	ζ	z	ζ
ȝ	τζ	ꝣζ	ꝣζ	Ꙁ	Ꙁ	th	Ꙁ	ꝣζ	Ꙁ	Ꙁ	Ꙁ
ð	ꝣ	ꝣ	ꝣ	ὐ	ὐ	dh	ð	ꝣ	ὀ	ð	ὀ
l	l	l	l	λ	λ	l	λ·	l	λ	l	l
λ	ll	λ	λ	λ	λ	ι	λ·	λ	λ	λ	l
ρ	rr	rr	rr	ρρ	ρρ	r	ρρ	rr	ρρ	rr	rr
r	r	r	r	ρ	ρ	r	ρ	r	ρ	r	r
n	n	n	n	ν	ν	n	ν	n	ν	n	n
k̇	c, ch, k	x, c	k, c	x	x	k	x	k	x	k	c, ch
g	g, gh	g, gh	g, gh	γx	γx	g	γα	g	γ, ġ	g	g, gh, gc, gk
h	h	h	h	χ	χ	kh	χ	h	χ, χ̇	χ, ch	χ
j	i, j, y	j	j	ʿh γι	ι	i	γι	j	j	j	j
l'	l	l	l	λι	λι	li	λι	l	λj	l	lh
ń	ni, gn	gn	gn	ννι	ννι	n	ν̇	gn	νj	n̄	gn
k'	ch, chi	ch, chi	ch, chi	xι	xι	k	xι	chi	xj	k̇	k
ǵ	g, ghi	g, ghi	g, ghi	γμι	γμι	gi	γι	ghi	ʒj	ḡ ·	gki
š	sc, s	sc, s	sc, s	σσ	σσ	s	σ̇	sc	σ̇	s̄	sh
ž	ꝣgh	—	—	ζζ	—	z	—	sg	σ́	ż	sg
ts	z	z	z	τζ	τζ	—	τζ	z	τζ	ts	tz
tš	c	c	c	τσσ	—	ts	τσ̄	c	τσ̄	tš	c

Die langen Vocale bezeichne ich durch ū, ī, ā u. s. w. Hahn eben so; Rada drückt ẹ̄ durch y aus: fly d. i. flẹ̄; sonst wird der kurze Vocal verdoppelt: aa, ii, wofür auch ij und y, uu u. s. w. Die dem gegischen eigenen nasalen Vocale, welche ich mit Lepsius durch ã, ĩ, ū u. s. w. ausdrücke, bezeichnet Hahn durch αν, ιν, ουν u. s. w.: sonst wird nicht die Nasalität, sondern nur die damit verbundene Länge ausgedrückt: aa, ii, uu u. s. w. Compendio 1743 bezeichnet ç durch œ. In einigen neueren Drucken der Propaganda findet man ć für k' und, wie in meinem Alphabete, ǵ für gh anderer Alphabete.

Die slavischen Elemente im albanischen.

Von den Lautgesetzen des albanischen wage ich keinem einzigen slavischen Ursprung zuzuschreiben, indem selbst die Scheu vor der Verbindung šč d. i. štš und die nothwendige Ersetzung derselben durch št specifisch bulgarisch und möglicherweise fremd ist.

Ebensowenig habe ich bisher eine syntaktische Erscheinung des albanischen bemerkt, die aus dem slavischen abzuleiten wäre.

Dagegen findet sich allerdings in der Stammbildung einiges slavische. Hieher rechne ich die nachstehenden Suffixe:

ica: furkulítsę furcella. Kab. 218; kalogirítsę καλόγρηα. Tetragl. 33. mrum. kęlkęrítsę. ibid.

ište: paplǽtę f. Platanenwald; šel'kištę f. Melonenfeld; ulíštę Olivenwald; zalíštę f.

ynji: ulkóñę f. lupa. Rossi.

o: Kato (Catto-a) Catarina. Rossi.

nik d. i. ьnъ-ikъ: besnik-u fededegno. Rossi; fesnik-u leale. Rossi; baratšnik-u stipendiario. Rossi; losnik-u toga. Blanchus; pasnik-u sudarium. Blanchus. velo, sudario. Rossi.

avьcь d. i. avъ-ьcь: gusciafec-i gozzuto. Rossi; porðáfcc-i, pierðáfcc-i petardo. Rossi; pierðafscie-ia svesciatrice. Rossi.

Zahlreicher als in der Stammbildung sind die slavischen Elemente im Wortschatz. Was ich davon bisher in den albanischen Schriftstellern und in den Wörterbüchern der albanischen Sprache gefunden, habe ich im nachstehenden zusammengestellt.

Baba vetula asl., serb., bulg.
babe-ea Tante. Reinh. 2. 41. Das Wort ist weit verbreitet. Vergl. die Fremdwörter in den slavischen Sprachen. 4.

banja balneum serb.; banь bulg.
báñę-a g. Bad. Hahn. bague. Blanchus. Das Genus lässt Entlehnung aus dem slavischen, nicht aus dem italienischen vermuthen: doch findet man auch bagn-i m. terma. Rossi.

baćjo sagt der jüngere zum älteren, namentlich der jüngere Bruder zum älteren bulg.
bátsę-a: bazz-a tata, tato, fratello, sorella. Rossi. rum. bắčjŭ, frater natu maior. Das Wort ist dunklen Ursprungs.

baš gerade serb. °
baš: base mire appuntino. Rossi. Das Wort findet sich nur im asl. und im serb.

baština solum natale, fundus, eigentlich patrimonium serb.; baštinja bulg.
baštinę-a: bastine tenuta, possessione. Rossi. bastine ager. Blanchus. bastine. Guagliata 163: bastino ist baštine zu lesen, daher bascline. Budi 49. 55. 73.

bélégъ signum asl.; bjeleg, biljeg nota, scopus serb.

beleg-u: actij beleg regit disfidava il rè, eigentlich: warf dem Könige ein Zeichen hin. Bogdan 1. 98. me sctři bielegb giostrare. Rossi. beleg, bielegb duello, gaggio, disfida, giostra, gladiatura, lotta, combattimento, scherma. Rossi. In der kroatischen Volksepik hat das Wort die Bedeutung von mejdan: nego mi ga dozov'te na biljega gospodskomu; dočekn' me na biljegu, kakono sam i ja tebe. Meine Abhandlung: Volksepik der Kroaten 55. 56.

benevreke, benevreci plur. Beinkleider. Vuk. brenebreke. Stulli. serb.

brendevék-u bracche, calzoni albanesi. Rossi. Das Wort ist wahrscheinlich alb. und aus lat. bracae entstellt.

besjediti sermocinari serb.; besěda verbum asl.; besjeda sermo serb.

besedůem: besseduem ciarlare, comunicare. Rossi. bisseduem kec idiotizzare. Rossi. besedlj-a: keto fiaJle e besedij. Budi 56.

biser margarita serb.

bišer-i gemma: biscerisc plur. abl. Cuv. 7.

bivo, gen. bivola bubalus; bivolica bubala serb.; bivol, bivolicъ bulg.

búal-i t., bul-i g. Büffel; bnalítsę-a t. bulítsę-a g. Büffelkub; buátsę-a. Berat. Hahn. bulizzę-a. Rossi. Hebu 451. Das u deutet auf Entlehnoung aus dem lat.: bùbalus, búvęl, bùęl, wofür búal; bnalítsę hat das slav. Suffix ica.

bljuda, bljudo patina serb.

blúdę-a: blude-a, blud-a piatto, tafferia, vaso di legno, simile al bacino. Rossi. Vergl. die Fremdwörter in den slavischen Sprachen 6.

bodьcь stimulus asl.; serb. ist bodac der Ochs, der im stossen Sieger bleibt; für stimulus hat das serb. ostan, ostanj; bodil bulg.

ʼembodéts-i: mbodéts-i g. der Stab mit eisernem Stachel, mit dem die Ochsen angetrieben werden, gr. βούκεντρα. Hahn. Hiemit hängt ęmbodlt g. zusammen, treibe Ochsen mit dem Ochsenstachel an. Vergl. ostan.

bogat dives serb., bulg.

begát: bugát, ęmbugát, mugát g. reich; ęmbugátšm g. Überfluss habend. Habu. pogát. Tetragl. 7. begát-i: begat-i dovizioso; begcát ricco. Raps. 38. begatlj-a dovizia; begatisct doviziosamente; begatnem vb. Rossi. i begate dives; me begatune divitare; begatij divitine. Blancbus. bęgátię. Kab. 219. tę pęgátę, pęgátęsi d. i. begátę, begátęsi. Leake 343. Man hat das Wort aus dem lat.: *pecuatus für pecuarius erklärt.

boljar magnas, optimas serb.; bolerin bulg.

bul'ár eques, heros. Stier. grua buliare matrona nobilie. Reinb. 2. 45. bul'ár nobile. Raps. 23. 44. buiare te patricii. Blancbus. bujare primati. Bogdan 1. 90. bujár-i vornehm, freigebig. Habn. ἄρχωντας. Leake 299. bugiár-i coltivatore, lavoratore. Rossi. bul'ęri-a baroni: ndyr bul'ęrii. Raps. 105. bul'ęróšę-a signora, matrona. 75. Cnm. 1. 166. 181 bringt das Wort mit griech. βουλή, βουλευτήριος in Verbindung.

borije plur. ein musikalisches Instrument serb.

bori-a tromba. Bogdan 2. 158. burli-a tuba, tromba. Rossi. Das Wort ist wol nicht slavisch.

borika pinus silvestris serb.; bor, borinъ bulg.

bórigę-a g. Fichte. Hahn. borikę pinus. Kab. 218. Leake 342, 384. boríkn πεύχος. Tetragl. 2.

brlog Koth, Sumpf. Karulić 43. 52. kroat.; cubile suis serb.

borλók-u fondo, morcia, feccia; borλókn linit lisca. Rossi. borlok-u braco, brago. Rossi.

bosiljak neben bosiok ocimum basilicum serb.; besiljok. Milad. 87. besiljak. Horse. bulg.
bozel'ók-n. Hahn. Man erwartet bosel'ók, das wohl das rechte sein wird. Vergl. die Fremdwörter in den slavischen Sprachen 6.

bozur paeonia officinalis serb.; bozjur double blush peony. Horse. bulg.
boziúr-a papavero. Rossi.

brav pecus, oves serb.; bravče bulg.
bráve-n: brave-a pecuglio, gregge, mandra. Rossi.

brijeg, breg collis, ripa serb.; brek, bregъ-t bulg.
brek-gu Hügel, Bergrücken. Hahn. bregh-u riva, costiera, vivagno. Rossi. bregh ripa, breghene rupes. Blanchus. brégu i Buenes ripa Bojanae. Hecq. 26.

buba bestiolae molestae serb.; bubъ bombyx bulg.
búbe-a: bubba e voghle, crnme-a baccherozzo. Rossi. bubba mundascit baco da seta. Rossi. Man vergl. griech. βόμβυξ.

bъhъ in der Redensart: udriti u bъhъ negare, in Abrede stellen, leugnen. Daničić, rječnik 1. 92.
embóh: me ram mbob negare. Bogdan 1. 5. me raam mboff pernegare. Bl. me rʌa mboh, mboff und me râa mohit nehen me niuhnë negare. Rossi. mbob nnk i bije. Bogdan. Einleitung. nuke i bijeme mboh non si può negare. Bogdan 2. 49. Man merke, dass alb. bie und rrab mit serb. udriti, udariti gleichbedeutend sind: bies xrυπᾷς. Leake 390. mboh in dubbio. Rossi. Das in dieser Bedeutung nur dem serb. bekannte bъhъ könnte sich als albanisch erweisen.

bugarin bulgarus serb.
bugartsch Walache. Klem. Wind. 85.

carina vectigal, telonium serb.
tsnarine-a: tsariuc vectigal. Blanchus. Von car Kaiser.

crep, crijep testa, tegula serb.; čerъp. Cank. čérep scull, broken pieces of earthen ware. Horse. bulg.
tšcrép-i: cerép-i testo, stoviglia per uso di cuocervi il pane. Rossi. mrum. tsiriáp-u furnus. Kab. 234.

cuca puella nsl.
tsñtse-a Mädchen bis zwölf Jahren. Hahn. zuzze-a damigella. Rossi. Ein dunkles Wort.

cucak Hund serb.
cuck-ia cagna. Rossi.

čadja, čadj fuligo serb.
tšáǧe-a: ciágie-ia, ciagle-ia fuliggine, negro fumo. Rossi.

čas punctum temporis serb.; čěs; toja čas statim bulg.
tšas sogleich. Hahn. cias-i momento. Rossi. se parit cias dal primo istante. Bogdan 1. 125. ciass-i istantaneo; me gui ciass in un istante. Rossi. gna ciass celeriter, cito. Blanchus. detšás εὐθύς. Leake 313. en čas statim. Mscr. ende ket tšas hoc tempore. Mscr.

čerga Zigeunerzelt serb.; čergъ Teppich. Cank. bulg.
tšérege-a: céregh-a, céreghe-a tappeto, baracane, tessuto di pelo di capra, sargano, panno da coverte di carri. Rossi. ngr. τζέργα. Das Wort ist türkischen Ursprungs: čerkéh tentorium.

ceta cohors serb.; četъ Paar. Horse. bulg.
tšéte-a t. Verwandtschaft, Sippe; g. Handschlag beim Wettrennen; tšéte tšéte t. haufenweise. tšétta gens, familia. Stier. tcheta invasion, razzia. Hecq. 98. Vergl. mgr. τζετάριοι.

čudo miraculum, čuditi se mirari serb.; čjudo bulg.

tšudĭj-a g. auch tšudę-a Wunder. Hahn. ciud-a mirabile, stupefazione; ciude-a chimera, idea senza base di vero. Rossi. tšudĭ Ꝺαῦμα. Leake. 316. tšudĭt t., tšudĭs g. mache staunen. Hahn. me u ciudit formalizzarsi; me u perciudnŭe inorridire; perciud-a n'avàa meteora, fenomena. Rossi. tšuditem Ꝺαυμάζοι. Leako 316. cudim monstrum. Blanchus.

čudĭ nequitia asl.: vgl. ćud indoles serb.

tšŭdę-a oder k'ŭdę-a: ciud-a ostinazione. Rossi. chiuud pertinacia. Blanchus. nde chiute tè vet nella sua ostinazione. Bogdan 1. 101.

čuk noctua asl.: vgl. ćuk ululae genus serb.

tšok'-i oder k'ok'-i: cioch-i civetta, upupa. Rossi.

čupa fasciculus capillorum, mulier impexis capillis serb.

tšŭpę-a, tšŭpe-ja langes Kopfhaar. Hahn.

čvorak sturnus serb.

sborák-u Sperling. Hahn. Cam. bringt 1. 318 sboráku il passerotto mit σπορά, σπόρος in Zusammenhang: come dicesse divoratore di semente.

darovati donare serb.

darovĭt schenke, neben dem davon nicht zu trennenden doravĭs gebe Almosen. Hahn. darovĭt κερνῶ I pour out. Leake 321. Nicht slavisch ist čurój, dęroj schenke; duręttĭj-a Geschenk aus lat. dono.

deri usque asl., serb., kroat.

deri, nderi, nneri fino, sino. Rossi. deri n'cunghimin sino alla comunione. Guagliata 201. deri n' dek ton sino alla nostra morte. 101. Man vergl. jedoch ndjere donec. Bogdan 1. 145. Die Sache ist mir nicht ganz klar.

dever, djever levir, paranymphus serb.; dever bulg.

dever. Mscr.

djed avus serb.; did kroat.

did. Dalm.

dobiti vincere, lucrari, accipere serb.; dobi bulg.

dobitunc me fiale reprobare. Blanchus. dobitun vittoreggiare. Rossi. dobittunc vincere. Bogdan 1. 147. dobits-i superatore. Rossi. dobĭj-a: dobbĭi-a conquista. Rossi. dobij quaestus; dobia victoria. Blanchus. tue marre tè begata dobĭj con riportar ricca vittoria. Bogdan 1. 99. fruytc e dobĭjte. Budi 12. dobĭlj-a g. Möglichkeit. Hahn. dobitsem vittorioso. Rossi.

domaćin paterfamilias serb.; domakin. Milad. 377. bulg.

domak'in-i g. reich, angesehen. Hahn.

dremati, drijemati somno capi serb.; drěma bulg.

drimis, dermis nicke mit dem Kopfe, indem ich sitzend einschlafe. Hahn. Cam. 1. 99. denkt an lat. dormio und griech. δαρ-Ꝺάνω.

drob: drobiti bröckeln serb.; drobi vb. bulg.

dromtsa te plur. fragmenta. Bogdan 2. 65.

drum via regia serb.

drum: drumne bretit pse se ruon? carev put što ne čuvaš? Vuk 2. 5. Das serb. Wort ist griech. Ursprungs: δρόμος.

dunavo danubius serb.

dunavu danubius. Blanchus. daneben tûnẹ-a: tune-a. Rossi.

frъkъъ, frъkam volo, volare bulg.

frkma schnell, eigentlich flugs: frkma binc barjaktarin brzo mi dovedi barjaktara. Vuk 8. 1. fẹrk: fcrk con prestezza. Rossi.

globa mulcta, globiti mulctare serb.; globъ Geldstrafe. Cank. Bilad. 83. Verk. 143. bulg.

ǵóbẹ-a Vermögen; die auf ein Vergehen gesetzte Strafe, die in Gcld oder Kleinvieh besteht. Hahn. ghiob-a, gob-a, gobbe-a collecta, incarico. Rossi. me prec ghioben taglieggiare, metter taglia a paese con-quistato. Rossi. me gobit, ghiobit, gobbitun taglieggiarc, multare. Rossi. ǵobár-i der die verwirkten Bussen eintreibt. Hahn. djiobars ainsi nommés, parce qu'ils sont chargés de prendre et choisir les bestiaux dans les villages condamnés à une amende. Hecq. 366: ǵóbẹ beruht zunächst auf gl'óbẹ.

goditi: pogoditi ferire, coniectura assequi, treffen serb.; godi verloben. Cank. bulg.

godit treffe. Hahn. nani c godite getroffen. Reinh. 2. 64. jam goditure io son ferito. Cam. 2. 36. goditi 'mbrétnẹ colpl il rè. Cam. 2. 22. Ebenso 2. 26. goditẹ io colgo, nello scodriano, io aggiusto, eostruisco, ese-gnisco. 2. 62. me godit formarc; goditun si cosa falciforme; goditum kec mal preparato; me godit pennul. Rossi. goditet si eseguisce. Guagliata 15. godli-in opportunità, equazione, aggiustamento. Rossi. goditsem opportuno. Rossi. u godit successe, avenne. Bogdan 1. 111; 2. 133. kû û godit godia dove successe il caso. 1. 93. Mrum. agudeašte τυχαίνει. Boj. 107. In Dalmatien heisst me godit geniessen aus dem it. godere.

gomila cumulus serb.; mogyla asl.; mogilъ bulg.

gamûl'e-ja g. Haufe von Erde, Gras und dergleichen. Hahn. magule-la λέφος collis, côteau. Reinb. 2. 35. rum. mẹgurẹ waldiges Gebirge.

gostiti convivium praebere serb.; gosti bulg.

gostit, gostis bewirthe. Hahn. gostlse, goštlsẹ. Cam. 2. 6. gostit φιλέω. Leako 357. gostl-a Gastmahl. Hahn. gosct convitto. Rossi. gostij convivium; goste symposium. Blanchus. pos gosts oltre il pranzo. Gua-gliata 153. Cam. 2. 6. versucht eine Deutung ans dem griech. ἀκοστέω mi nutrisco abbondantemente.

gotov paratus, gotoviti parare serb., bulg.

gût-i, gátšẹm, gátšmi: gaat-i, gaem pronto, apparecchiato. Rossi. gaatij promptus. Blanchus. gádi pronto. Cam. 1. 20. Conf. 16. gatúaj bereite, koche, knete. Hahn. gatûe preparare. Rossi. Cam. 1. 130. 137. bringt mit diesem Worte griech. ἀγαθές in Verbindung. Dass gotov und gat zusammengehören, balte ich für sicher. Vergl. Bopp, Das Albanesische 79.

grabiti rapere serb.; grabi bulg.

grabit raube. Habn. grabit carpire, prendere con violenza, depredare; te grabitun rapina; grabtciar-i depopolatore. Rossi. grabitune rapere; grabitcss rapax; grabetia praeda. Blanchus. grabitcla rapina. Gua-gliata 141. Bopp, Das Albanesiche 48. hält grabit für ein ursprüngliches alb. Wort.

gradina sepes, hortus serb.; gradinъ hortus bulg.

gradinẹ-a Garten. Hahn. geradinẹ κήπος, περιβόλι. Leake 322. 341. Mrum. gardinẹ. Boj. 162. Garš, gárðí Zaun. Hahn. garð-i diga, vallo. Rossi. ist jedoch nicht slavisch.

graša phaseolus vulgaris, pisum serb.; grah Erbse bulg.

gróšẹ-a Linse. Hahn. ὄσπρον. Leake 388. grošiẹ lens. Kab. 232. grôšẹ sic.-alb. legumi secchi. Cam. 2. 148. grosce legume. Blanchus. groša Bohne. Meer. κρώσς φακή. Tetragl. 10. gkros lentilles. Pouq. 2. 620.

graìdᴧ stabulum asl.; graì bulg.; graìd rum.

graŝt-i Krippe. Habn, richtig wol gráźd-i: grascd-i mangiatoja, greppa, presepe. Rossi. Bogdan 2. 21. grasd praesepe. Blanchus. gcrasgd. Rada 8. sdrépu tè graŝde-t' e mi scendi ai presepi miei. Cam. 2. 94. 95. Derselbe ziebt 2. 152. griech. γράστις Gras, grünes Futter herbei.

grba gibbus, grbav gibbosus, grbaća dorsum serb.; grʌbᴧ gibbus, grʌp, grʌbᴧ-t dorsum bulg.

gørbę-a: gherb-a gobba, rilievo sul dosso; gherbáfc-i gobbo; gherbácc-i gibbo, gobbo, sgrignuto; me u gherbúe ingobbire, divenir gobbo. Rossi. kerblŝt-i g. Rückenwirbel. Hahn. inghermuem gibbus, gobbo. Blancbus.

grditi foedare serb.

u gęrdít: u gherdít stomacarsi, mouversi a nausea; mc gherdítun eschifare; gherdíi-ia stomacaggine, rivolgimento di stomaco. Rossi. te gherdjcmi (gęrdítŝmi) te abominazione. Bogdan 2. 148.

grepsti, grebem scabere, carminare serb.; greb bulg.

(grevis), richtig wol grebls scharre; gęrvlŝt g. id. Hahn.

grić colliculus carice plenus. Stulli: wol colliculus serb.

gęrtŝ-i Spitze, Horn, Vorsprung eines Berges. Hahn. Das alb. Wort deutet auf ein slav. grč.

grkinja graeca serb.

gęrkíńę-a Griechinn. Hahn.

grob serb.; grop, grobᴧ-t Grab bulg.

grópę-a Grube. Hahn. fossa. Kab. 206. rum. groápę fossa. alb. ęngropúem sepelire. Kab. 196. mrum. ęngróp sepelio ibid. Der Anslaut macht die Zusammenstellung verdächtig.

grst manus concava serb.

gruŝt-i Faust, bohle Hand, Handvoll. Hahn. me grústit μλ τὴν γρ⊃Sίαν. Tetragl. 13. gruŝt subst. γρⱦϑία; verb. I blow with the fist. Leake 308. grusct-a gotata, colpo dato colla mano. Rossi. grust pugnus; me grustuem percutere. Blanchus. gruŝt. Mscr. grusti. Dalm. dissa ngruscta e vrissinè nde fechie alii palmas in faciem eius dederunt. Bogdan 1. 125. gruŝt·i pugno: gcrushtesbit plur. abl. defin. Raps. 53. Die wahre Form dürfte wol gręŝt sein. Cam. 1. 102. 346. denkt an griech. γρόνϑος.

gruda gleba serb.

grúdę-a: grude-a, grud-a gleba, zolla di terra, piota. Rossi.

guaka anser serb. demin. von gus; asl. gąsᴧ.

gúsę-a: guss-a oca. Rossi.

guŝa guttur, struma, ingulum serb.; guŝᴧ bulg.

gúŝę-a Hals. Hahn. guacie-ia gozza, gozzo, giogaia; gusciafec-i, gusciáo-i gozzuto. Rossi. guŝe struma. Reinh. 2. 65. guŝa gola. Cam. 2. 67, der es mit lat. glutus, it. gozzo zusammenstellt. Das Wort, unter den slavischen Sprachen anf das bulg. und serb. beschränkt, fiudet sich auch im rum. gùŝę, guttur, collum, struma.

gvozd, gozd clavus. Norse. gozdij. Cank. bulg.

góżdę-a: góŝdę-a g. Nagel; t. Hufnagel. Hahn. góżdę, góŝdę chiodo, cavicchio. Cam. 1. 130; 2. 186. góŝdę χαρφί. Leake 320. gosd. Guagliata 89. gochde clou. Pouq. 2. 618. goscde-a, goscda aguto, clavo, chiavo, chiodo; goscdagli-ia chiodajuolo, chi fa chiodi; me goscdue inchiodare; me sgoscdùem dischiodare. Rossi. me goscduem configere. Bogdan 1. 153. gozda Nagel. Mscr. Unrichtig ist gosde claves für clavus. Blanchus. Cam. 1. 130 erinnert an griech. 'γοστός, ἀγοστός in der Bedeutung punta, cuneo.

gʌdeli erschlossen aus gʌdeličkam kitzle. Cank. bulg.

gudulis kitzle. Hahn. rum. gedilcak.

habiti depravare, corrumpere. Stulli. serb., asl.; habi verderben bulg.

habitun disperdere. Rossi. t'habitnn andare in estasi per meraviglia. Rossi. habitem g. staune, sperre vor Staunen den Mund auf. Hahn. u habit astrarsi. Rossi. Hinsichtlich der Bedeutung vergl. man fz. éperdu. Verschieden ist wol me habinne anatematizzare. Rossi.

hajduk Räuber serb., bulg.

haiduk-n ladrone. Rossi. haidút-i Räuber, Dieb. Hahn. Vergl. die Fremdwörter in den slavischen Sprachen 20.

hladiti refrigerare serb.

fladit rinfrescare; t'fladitun il rinfrescare; fladitscm rinfrescante. Rossi. Auch sonst tritt f für h ein: me raffune bastonare, te rrahune bastonata. Rossi.

hrvat croata serb.

hervat-i: harvat. Klem. Wind. 85.

ikra ova piscium serb.

ikra te plnr. g. Fischeier, Laich. Hahn.

izba cubile serb.; izbʌ cellar. Morse. bulg.

isbe-a cella, canova, dispensa per la roba. Rossi. Vergl. die Fremdwörter in den slavischen Sprachen 21.

izbaviti liberare serb.; izbavi bulg.

sbavisem genese, eigentlich liberor. Hahn.

jarina fruges aestivae, vernae serb.

jarine-a ὤριμος. Leake 362.

jež erinaceus serb.

cš: es erinacens, echinus. Kab. 200. 224.

kada labrum, lacus, vannus; kaca, d. i. kadca, labrum, delium serb.

kʌde-ja Gährbottig. Hahn. kátse-a: me scheλ ruscin nd' cazza ammostare. Rossi. It. cazza thuribulum, catinus, woher ngriech. κάτζι. Duc., passt der Bedeutung wegen nicht.

kadionica turibulum serb.; kadilnicʌ bulg.

catenizz-a, catnizz-a turibolo. Rossi.

kastri Bäume beschneiden. Cank. bulg.

krastit κλαδεύω. Leake 322. krastiti. Mscr. Das Wort ist lat. Ursprungs: castrare.

keca sonus abigentis capras serb.

ketše capretto. Cam. 2. 9. 11. Vergl. magy. kecske Ziege. Das Wort ist dunkel.

klas spica serb.

klas-i. Dalm. sonst kaλ.

klisura angustiae serb.

klisnre-a: pl'ot klisnra u mbet me djak puna klisura se krvi napuni. Vnk 2. 10. Vergl. die Fremdwörter in den slavischen Sprachen 26.

ključ clavis serb.; ključ, klič bulg.

kl'utš-i, kl'itš-i, k'utš-i Schlüssel. Hahn. klitš, k'utš. Leake 322. klitš-i: clicce, cliccezit. Raps. 17. 39. Daneben cils-i, cilts-i chiave; cilscgli-ia clavigero. Rossi. čilš. Mscr. kl'utšenltse-a Vorhängeschloss. Hahn. Cam. 1. 68. bemerkt über klitš: il tš dee credersi nato dalla dentale ð colla ç: κλειδς.

knez serb.

knez on comtes. Pouq. 8. 412.

koćanj calmus, caulis, thyrsus Stulli. serb.; koćani membrum virile asl.

kotšet penis. Mscr. cocc-i d. i. kotš membro virile. Rossi. kotšán-i t., kotšå, kotšáni g. der obere, essbare Stiel des Krautkopfes. Hahn. rum. kotšeán Stengel; jurum. kntšan ln. Boj. 207.

koćije plur. Bauernwagen serb.

kutštj-a, kotštj-ia: cucctj-a, coccti-ia carozza. Rossi. Vergl. die Fremdwörter in den slavischen Sprachen 27.

kokoš gallina serb., bulg.

kokóš-i Hahn. Hahn. πετεινός. Leake 342. kokoš. Henne. Mscr. Cam. II. 149. zieht für das t. kokóš und das ital.-alb. kokó-i das griech. κιχκός u. s. w. herbei. Hehn 439-441.

kolać eine Art radförmiges Brot serb., bulg.

kul'atš-i ungesäuerter, in der Asche gebackener Brotkuchen aus Mehl, Wasser und Salz; Ringelbrezel. Hahn. kulatš, plur. kuletš. Reinh. 2. 7. knlétš κουλούρι. Leake 398. kul'atš id. 325. kuletš Kuchen. Mscr. culáccie-ia covaccino. Rossi. giarperi belidete kulatš κουλουριάζεται. Reinh. 2. 7.

kolo, okolo circum serb.

akóle im Kreise herum. Divra. Hahn. ucoλab intorno. Rossi. raam ncólah intornare. Rossi. raa ocóλ ocóλ accerchiare, circondare. Rossi.

komina recrementum, cortex nucis. Vuk. komiška cortex. Stulli. serb.

kominę-a: comine-a graspo (senza uva), vinaccia. Rossi.

konop funis cannabinus serb.

konop-i: connop-i canapalc, fune, canapa; conopciaar-i, conopgii-ia funajo. konop Seil. Mscr. canap canapa. Rossi. Vergl. die Fremdwörter in den slavischen Sprachen 28.

kopar anethum graveolens serb.; kopъr bulg.

kóper-i g. ein Kraut, vielleicht Dill. Hahn.

kopća, kovča fbula serb.

kópsę-a Hafte (zur Schlinge). Hahn. Das slav. Wort stammt aus dem ahd. kafsa, lat. capsa. Vergl. die Fremdwörter in den slavischen Sprachen 28.

kora cortex serb.; korъ bulg.

korę-a: kore Rinde. Mscr.

korbač scutica, flagellum serb.

gęrbátš-i: gerbácc-i coreggia, frusta, sferza, staffile; gherbácc-i nervo. Rossi.

korda, ćorda serb.; korda framea. asl.

kórdę-a gerader Säbel. Hahn. korð. Mscr. korðcz demin. Mšćr. mc korðuem sècare. Mscr. Mrum. koárdę gladius. Kab. 225. Vergl. die Fremdwörter in den slavischen Sprachen 28.

koriti exprobrare serb.; kori bulg.

korit: corit svergognare. Rossi. koriti pudore afficio. Mscr.

korito alveus serb., bulg.

koritę-a jeder ausgehöhlte Baumstamm, Wassertrog, Krippe; Kahn, der aus einem Stamme gemacht ist; Wassertrog oder Fass, aus dem das Mühlwasser auf das Rad fällt. Hahn. corite-a conca, mastello. Rossi.

Mit korito hängt auch karitsa ein Getreidemaass von 120 Okka. Macr. zusammen. Vergl. serb. korice n. d. i. koritce, demin. von korito.

kosa falx serb.; kosა bulg.

kósɛ-a: cosa-a falce da fieno. Rossi. kos-i, kóstrɛ-n g. Sensc. Hahn. cossitun segare, falciare. Rossi. kosis g. mähe. Hahn. cossgti-ia, cossigli-in falcatore. Rossi. kositi mähe; kosatë der Mäher. Macr.

kosa capilli serb.; kosა bulg.

kosɛ-a Haarzopf. Hahn. πλεξούδα. Leake 343. Vergl. kɛ̃ɛ̃ɛ-a: cheshcen sing. acc. la chioma. Raps. 46. mrum. kusitsc (κουσσίτζε). Tetragl. 30.

koš corbis genus, eine Art Scheuer von Flechtwerk für Kukuruz serb.; koš Korb bulg.

koš-i Mahltrog; g. grosser Tragkorb; der aus Weiden geflochtene und mit Lehm ausgeschlagene Getreidebehälter. Hahn. cosc-i mulinit tramoggin. cosc-i blétavet cupolo, melare, melario. Rossi.

košar nassae maioris genus, košará stabulum vimineum serb.; košérა bulg.

košarik'e-ja Handkorb. Hahn.

košić, deminut. von koš serb.

košik'-i: koscicc-i staza, misura, metadella. Rossi.

kotac stabulum parvum, kočak zootheca serb.; kóćinა bulg.

kotéts-i Hühnerstall. Hahn. cutezz-i t' pлumavet colombajo; cutés-i gallinajo; cutezze-i covaccio delle galline; cucchiak-u id.; cuciak-u gallinajo. Rossi.

kovač faber serb., bulg.

kováɛ̃š-i Schmied. Hahn. s. voce alban; covácc-i, cuvácc-i magnauo, fabbro, ferrajo. Rossi. kovátš χαλ-κιάς. Leake 359. kowatsch Schmied. Klem. Wind. 87.

kralj rex serb., bulg.

kral'-i ein fremder König. Hahn. kral-i. Dalm. kral. Klem. Wind. 88. krail-i rè; cralizz-a regina. Rossi. kralitsa. Klem. Wind. 88. kraaλli-ia realista, partigiano del rè. Rossi.

krap carpio serb.

krap-i g. Scorpion; ein rother Fisch in der Bojana. Hahn. Auch die letztere Bedeutung stimmt nicht ganz; in der ersteren geht das Wort auf scorpio zurück.

krastavac cucumis serb.; krastavicა bulg.

krastavéts-i, kastravéts-i Gurke. Hahn. krnstavéts ἀγγούρια. Leake 389. castravezze-a citriolo. Rossi. mrum. kastravéts. Tetragl. 11.

kravalj serb.; kravaj panis asl., bulg.

krável'e-ja t., karavél'c-ja g. kleiner Brotlaib. Hahn. cravelbe d. i. kravel'c panis. Raps. 92. Rada 226. ngr. καρβέλι. Mater. 5. 254.

krė asl.; grė spasmus serb.; sgrაci to wrinkle, to contract by wrinkling. Kerse. bulg.

kɛrišitune: te kercittune-a podagra; inc u ban gherce rattraere. Rossi.

krčag urceus serb.; krაčêk, krაóêgა-t bulg.

gɛrišák-u: ghirciak-u tonfo, vaso da bere di vasta tenuta, vaso d'acqua. Rossi.

krčiti eruere, caedere silvam; krčanik ein durch Rodung der Bäume gemachter Weg serb.

kɛrtšú, mit dem Artikel wohl kɛrtšúri, κούτζουρον. Leake 326, κąρτζού truncus; mrum. κούτζουρου. Kab. 204. kɛrtsū-úni g., kɛrtsú,-úri t. Baumstumpf. Hahn. Cam. 2. 162 erinnert an griech. καρδία.

krevet lectulus serb.

krevet-i: crenet grabatus. Blanchus. gr. κράβατος, ngr. τὸ κρεββάτι, lat. grabatus. Das slav. stammt unmittelbar aus dem griech.

krompir solanum tuberosum serb.

kampir-i patata. Rossi. serb. krompir ist deutschen Ursprungs, etwa Grundbirne.

kroinja canistrum serb.

króšńe-a: crosegne-a cesta. Rossi.

krpa lacinia serb.; krъpъ Schnupftuch, Fleck bulg.

kerpę-a: kerpe-a cencio, straccio, panno consumato; kerpa plur. cenceria. Rossi.

kri saxum, lapis serb.

krš, genauer wol kęrš Fels. Mscr.

krtola solanum tuberosum serb.

kęrtolę-a: kartoλ-a patata. Rossi. Nicht slavisch; vergl. deutsch Kartoffel.

kukavica cuculus serb.; kukovicъ bulg.

kukavitsę-a: cucavizze-a cucuveggia; cucuváz-a civetta. Rossi. Die Bedeutungen sind verschieden : dessenungeachtet zweifle ich nicht an der Zusammengehörigkeit der Wörter.

kurva meretrix serb.; kurvъ bulg.

kúrvę-a Hure; kurvjár-i Hurer. Hahn. cúrve-a bagascia. Rossi. kurvenlj-a: curnenia lascivia. Blanchus. curvaar-i bagascio. Rossi. curvaar lascivus. Blanchus. kurvęrí-a πορνεία. Tetragl. 25.

kvočka gallina glociens serb.; kvačkъ bulg.

kváčkę-a. Mscr. klótškę-a Gluckhenne; klotšít gluckse. Hahn. Leake 323. baa zaa si covácigh crocciare, il gridar della chioccia. Rossi. Nicht slav. ist klóssę cal.-alb. Cam. I. 164. lässt auch klótškę aus griech. κλώσσω für κλώζω entspringen. Vergl. Hehn 441.

ladja Schiff serb.

láģę-a: ladja. Klem. Wind. 87.

lakom avarus, eigentlich cupidus serb.; lakom gluttonous, avaricious; lakomija gluttony, avarice. Morse. bulg.

lakęmlj-a: lachemli-ia avarizia; lakmíi n' háe ingordigia. Rossi. lachemia avarizia, tenacitas. Blanchus. lakmúes avaro. Rossi. lachemnes tenax; lachemus avarus. Blanchus. l'akęmés g. l'akęmées t. habsüchtig. Hahn. lachemúescm-i bramante, che brama. Rossi. l'akęmim-i Habsucht; l'akęmój bin habsüchtig, Hahn. Nicht uninteressant für die Erkenntniss des Verhältnisses der romanischen und slavischen Elemente im alb. ist die Bemerkung Uđa 225: Invece di „disciró“ dicesi „lakmó“ in montagna. Cam. 1. 38. denkt an ein λιχμαίνω von λιχμός Worfschaufel, das seiner Bedeutung wegen nicht passt, oder an λιχμαίνω lecke.

lav Löwe serb.

laf-i: laff. Klem. Wind. 86.

lax Gereut nsl.; silva caesa, ager novalis serb.

las, lázi: lási, gázi Druckfehler für lazi (vgl. Cam. 2. 209), un luogo selvoso, wird mit griech. λάσιος in Verbindung gebracht. Cam. 1. 31. lási luogo rimasto vuoto di pianto per effetto del fuoco, mit griech. ληίζω, λήίον zusammengestellt. 1. 343.

leće n. lenticula Sommerfleck serb.

lecc-ia, leccie-ia lentiggine, labe, macchia. Rossi.

leha, lijeha Gartenbeet, lira serb.; lëhъ eia Flächenmaass. Cank. bulg.

léhẹ-a: leba. Mscr.

lëlja matertera bulg.

lala nxor patrui; lale patruus. Dalm. lhaalh, lhalb zio. Raps. 49. Mrum. lalẹ Vetter. Boj. 16. Dunkel.

liċiti evulgare serb.; liċi, liċbъ liċi bulg.

l'etšis g. lasse ausrufen. Hahn. l'etšis, letšis faccio pubblicare per bando. Cam. 1. 46. me lecit divolgare; me leecitun pubblicare. Rossi. me leecitune pubblicare. Lecce 66. ka me u lecitunė si propalerȧ. Bogdan 1. 122. letšlj-a: lecli-ia proclama. Rossi. Cam. 1. 46. vergleicht griech. λγκίω, λγκυϑίζω, deren Bedeutungen nicht passen.

ljahъ polonus russ.

l'abt-a g. Polen; l'ahintšt g. polnisch; l'abiòt g. Pole. Mrum. libie. Boj. 151.

ljubiċica viola odorata serb.

l'ubetsitsẹ-a: lubezizzc-a viola; l'ubetsitsẹzẹ-n: lubezizzez-a demin. violetta. Rossi.

loċika lactuca serb.; loštika asl.

lok'ikẹ-a: lochikc-a, logike-a lattuca. Rossi. logiche lactuca. Blanchus. lock zémers cucco, il più amato dal padre. Rossi. Vergl. die Fremdwörter in den slavischen Sprachen 34.

lokma, lokva frustum carnis serb.

lókmẹ-n, lómkẹ-a frustum. Hahn.

lopata pala serb.; lopatъ bulg.

l'opátẹ-a Schaufel, Ruder. Hahn. φτυάρι. Leake 395. Kab. 234. remus. Leake 325. mrum. lupátẹ remus. Kah. 204. lupáta φτυάρι. Tetragl. 26.

lubenica anguria, cucurbita citrullus serb.; lubenicъ Wassermelone. Milad. 379. bulg.

lubnitsẹ-a: lubnizze-a cucumero. Rossi.

maċka felis, maċak felis mas serb.

matš-i Kater. Hahn. γάτος. Leake 306. matše-ja g. Katze. Hahn. γάτα. Leake 306. mazz-a gatta. Rossi. matsa. Mscr. matz. Klem. Wind. 86. matšók-u g. Kater. Hahn. matše-a. Cam. 2. 84. matšókẹ gatto maschio. Cam. 1. 164. maccior-i gatto. Rossi. mits-a gatta. Rossi. Dem serb. Lockrufe mac, maco, mac entspricht alb. mats, mats, mits, mitsa. Rossi. Mrum. matšoku Kater. Boj. 39. Der slav. Name geht auf Marie zurück: serb. Maca hypocor. von Marija. Vergl. deutsch Mieze, russ. vaska, miška der kleine Basilius, Michael u. s. w. Hebn 449.

madjupak zingarus, madjupka zingara serb.

magiup-i zingaro; magiupésc-ia zingana. Rossi. pèr tu lenduem magiupevet per minacciare agli egizii. Bogdan 1. 118. me i nzierrė dent se magiupevet ut educerem eos de terra Aegypti. 1. 126. magijp arabs; magiup aegyptius (Aegyptus ist Druckfehler). Blanchus. madjip in der Stadt wohnender Zigeuner. Mscr. marġupẹ disonesto, carnale. Skodr.; marġupi-a disonestȧ. Cam. 1. 65. magiupli-ia disonestȧ. Rossi. maġup-i. Skodr. Knabenschänder; maġupl-a. Skodr. fleischliche Knabenliebe; marġupój. Skodr. Verbum vom vorigen. Hahn. Cam. 1. 65. denkt an ein von μάγγος abgeleitetes *μαργοπός, wobei er sich an μαστροπός anlehnt. Alb. heisst der Zigeuner auch gabeljic. Vuk 4. 8. und gabél-i zingano, razza che vaga colle tende. Rossi. magúp hängt mit lat. mancipium Sclave zusammen. Man vergl. madjupac: Fremdwörter in den slavischen Sprachen 35.

mama mater, hypocor. von mati serb., bulg.

mamitsẹ-a: mamizze-a nutrice, bȧlia. Rossi. tu porositune mamizavet con comandare alle nutrici. Bogdan 1. 91. Ein weit verbreitetes Wort.

26 Franz Miklosich

marga, maaka mulus, mula serb.; marga, maska mulus asl.

mušk-u: musch-u mulo. Rossi. musk. Mscr. musch-a mula. Rossi. múškę-a mula. Kab. 212. Maulesel. Habń. μούσκα τα plur. Tetragl. 4. musheb mula. Raps. 74. rum. muskój.

mečka ursa serb.; mečkъ bulg.

métškę-a: meciche-a, méccigha cagna. Rossi. Rossi reg. 340.

medja terminus, limes serb.

mégę-a: mcggie-ia, megie-ia confine, termine. Rossi. ndě megie tě Edomit nei confini d' Edom. Bogdan 1. 94. megg-i finitimo. Rossi.

mestve plur. scarpette, soccus. Nik. serb.

méštę-a: mesct-a, meste-a babbuccia, pantofola, stivaletto. Rossi. Das Wort ist im slavischen auf das serb. beschränkt.

meša missa asl.; mъša asl.

méšę-a Messe. Hahn. Cam. 1. 86. mesc. Gúagliata 181. Vergl. die Fremdwörter in den slavischen Sprachen 40.

mijeh uter, follis, demin. mješić serb.; měh bulg.

męšik g. fülle, schwelle durch Blasen z. B. einen Schlauch. Hahn. Cam. 1. 63. verweiset auf alb. fúskę, flskę und auf griech. φυσάω. Aus dem serb. demin. mješić ist auch entstanden ŗšik'-i: rscicc-i utre, otre, mantaco. Rossi. rscich uter. Blanchus. Vergl. mješina.

mir pax asl. serb.

mir-i. Mscr. Scheint selten vorzukommen.

mitlti corrumpere, mito, mit largitio, Bestechung serb.

mitós besteche. Hahn. mitę, mitósę. Cam. 1. 74. i mitune l'enfant gâté. ibid. Cam. 1. 116. vergleicht griech. μυθάω, μίτυλος, lat. mutilus.

mjera, mera measura serb.

mérę-a Maass. Hahn.

mješina uter, pellis serb.

męršinę-a Weinschlauch. Hahn. Mit eingeschaltetem r. Cam. 1. 80.

močar ador serb.; močorak Sumpf bulg.

matšál'-i Pfütze, Lache. Hahn.

moljac tinea serb.; molec bulg.

molítsę-a, multsę-a Motte. Habn. mólezę χόπιτζα. Leake 325. molútsa. Tetragl. 7. moltz-i tarlo, tignola, vermetto. Rossi. Cam. 1. 337. vergleicht, allerdings zweifelnd, molisę, mol'épsę. Mrum. mulitsa. Tetragl. 7. molítsę tinea. Kab. 203.

moma puella serb., bulg.

mómę-a madre. Cam. 1. 72. 115. moma obstetrix. Mscr. Vergl. mama.

morač foeniculum serb.

morátš-i: moráts foeniculum. Kab. 209. Hahn. Man vergl. meraaij foeniculum. Blanchus. meraij marathron. ibid. merahie-ia; meraj finocchio. Rossi. moráję-a g. wohlriechendes Kraut. Hahn. (maraj) Anis. Hahn. Nur morátš ist aus dem slav. entlehnt.

more mare serb.
čik ne more mǫ ka pas čua čak na more me je pratio. Vuk 1. 10. Selten für det.

morija pestis serb.
morij-a mortalität. Bogdan 2. 158. Vergl. indessen auch it. morijn, Das Suffix ija spricht für roman. Ursprung.

moskov russus serb.
miskov-i. Rossi.

motika ligo serb.
matukę-a: matucke-ka τσαπί. Reinb. 2. 35

mrav formica serb.
moroviza. Dalm. Die Zusammengehörigkeit ist zweifelhaft.

mraz gelu serb. bulg.
mráz-i ghiardo, eccessivo freddo. Rossi.

mreža rete serb.; mreža bulg.
mréžǫ-a: mrézę-a Netz. Tetragl. 12.

mrkinja, jagoda od marče, myrti bacca. Stulli. serb.
mǫrkíñę-a: merchigne-a spino, spina, progno. Rossi. spina. Bogdan 1. 106.

mrziti odisse serb.; mrazi ma piget me bulg.
mǫrzit t., mǫrzta g. hasse. Hahn. mǫrzit μισῶ. Leake 333. mrzitna ich hasse. Mscr. merzit fastidiare, stufare, tediare, nojare. Rossi. merzitune pertaesus. Blanchus. merzišt, merziscim tediosamente. Rossi. merzli-ia contristazione, tedio, noja, fastidio, ecccagine. Rossi. merzicime abbominazione. Bogdan 1. 3. Cam. 1. 134. erklärt mǫrzit aus μερ, μεριά tristezza und ζτ nero, infelice.

mušica, demin. von muha musca serb.
mušitsę-a kleine Mücke. Hahn. Daneben muskoñe κουνούπι. Leake 325. miškóñę-a Mücke. Hahn. inuschaja la zanzara. Bogdan 1. 1. 47. múscaje-ia. Rossi. miscóje-ia culice, zanzara, moscione. Rossi.

muzda merces asl.
mûždę-a: musde, musd regalo, dono, paraguanto, mancia. Rossi.

nana mater serb.
nanę-a: nane-a lattatrice. Rossi. Vergl. die Fremdwörter in den slavischen Sprachen 41.

nevjera perfidia, iznevjeriti prodere serb.; iznuveri bulg.
neverit-i eretico; neverit-a cresin; neveritun ereticare. Rossi. neveritune esiliare. Lecce 66. abbandonare. Blanchus.

nem, nijem mutus serb.; něm bulg.
neméts-i βουβός. Leake 304. Kab. 187. neme. Mscr. nements-i mutulo. Rossi; bei Hahn. meméts.

nemac, nijemac Deutscher serb.
ñemts-i: njemtz Deutscher. Klem. Wind. 85. nemts Deutscher; g. Österreicher. Hahn. nemsitiset tedescamente. Rossi.

nevolja angustia, nevoljnik homo sollicitus, miser serb.; nevol. Noth bulg.
nevóje-a Nothwendigkeit. Hahn. nevóie-ia bisogno. Rossi. Lecce 188. nevoia egestas. Blanchus. novóję necessitas. Kab. 184. nevói necessità. Guagliata 177. nevoitaar bisognante; nevoitarti-ia miscrevolezza; nevoitariset miseramente; nevóisem necessario. Rossi.

4 *

obećati promittere serb.
obek'at: obećat. Dalm.

obor sepimentum pro suibus, aula serb.
obóp-i g. Hof. Hahn. obórr-i cortile. Rossi. ομβóρ-ι t. Hahn. ombór aula. Kab. 186. mrum. ombóru ibid. uboru. Boj. 164.

oćitovati manifestare serb.
otšitovat. Dalm.

opanak socci genus serb.
opanch chaussure. Hecq. 288. opingę-a t., opingę-a, jopingę-a g. Sandale. Hahn. opangie-ia piviale, Pluvial. Rossi. opanki Bundschuhe. Klem. Wind. 81.

općina commune serb.; opätinъ bulg.
optšinę-a: opcine famiglia. Rossi. me lan opcinat sparentare. Rossi.

opet iterum serb.; na opet nach hinten gekehrt bulg.
opét di nuovo. Rossi. opet. Lecce 214. me pass opét ravere. Rossi.

orao, gen. orla aquila serb.; orel bulg.
orl-i. Mscr. orll-i aquila. Rossi. orlin. Klem. Wind. 86.

ostan, ostanj stimulus serb.; osten bulg.
ostén-i gorbia, spuntone, pungolo, stimolo. Rossi. hosten-i eine lange Stange, welche an der Spitze ein oft gekrümmtes Eisen hat, und zum Antreiben pflügender Ochsen dient. Hahn. Man vergl. bodьc.

padati: napadati invehi in quem serb.; napadnuva anfallen bulg.
padit dinunziare, citare. Rossi. paditune accusare. Blanchus. Lecce 66. padit, padis. Mscr. Cam. 1. 296. vergleicht pateo, pando, πετάννυμι.

pastorak privignus, pastorka privigna serb.
pasterk-u privigno, figliastro; pasterk-a privigna, figliastra. Neben Ɂiester-i und Ɂiester-a. Rossi.

pasulj phaseolus serb.
pasúl-i: passúl-i faginolo. Rossi. Vergl. die Fremdwörter in den slavischen Sprachen 5.

patka anas, patak anas mas serb.; patka bulg.
pátę-a anser. Kab. 236. Leake 359. patt-a oca. Rossi. pata oie. Pouq. 2. 621. patók-u Gänserich. Hahn. pattách papero, oca giovane. Rossi. patacch papero. Conf. 37. mrum. pati le. Tetragl. 6.

pehar poculum serb.
pehár-i: pehaar scyphus. Blanchus. pehâarre-a coppa. Rossi. Vergl. die Fremdwörter in den slavischen Sprachen 45.

pelena, meist plur., fasciae serb.
pelenę-a. Mscr.

pelin salvia officinalis serb.; pelín, pelínъ, mit dem Artikel pelinъt, Wermuth bulg.
pelin-i, pelint-i t., pel'ím-i g. Wermuth. Hahn. pelint. Leake 394. pilin. Tetragl. 23. pelim. Mscr. mrum. pilonniu. Tetragl. 23.

penezi plur. Geld serb.
penéz-i: pennés-zi g. eine alte dünne, biegbare Silbermünze, die nur zum Schmuck verwendet wird. Hahn. penez-a danaro. Rossi. Bogdan 2. 52. Vergl. die Fremdwörter in den slavischen Sprachen 45.

perčin capilli serb.

pertšč-ja, pertščme-ja langes Manns- und Frauenhaar. Hahn. perccia coma. Blanchus. pertsche Haare. Klem. Wind. 86. Das Wort ist wahrscheinlich albanisch.

pijanac, pijanica potator serb.; pijenici bulg.

pianéts-i Trunkenbold. Hahn. picnezz-a ebbro. Rossi. Pirján-i Trinker, Säufer. Hahn, ist wahrscheinlich aus dem slav. pijan unter Einfluss des alb. Particips pirç entstanden.

pijavica sanguisuga serb.; pijevici bulg.

piscavizz-a sanguisuga, mignatta. Rossi. Eine Entstellung des slav. Wortes.

pivo Bier serb.

piva. Klem. Wind. 87.

plěvьnica ἀχυρών **aal.; plevara, plevnjak wo Spreu aufbewahrt wird serb.; plevnici, plevnik Strohkammer, plemna aus plevna bulg.**

plevítse-a ἀχυρών Strohhütte. Leake 398. pléeme-ia fenile. Rossi. Mrum. pl'ántse. Tetragl. 30, ist auf plěvьnica zurückzuführen.

pljačka praeda serb.

plátškç-a: plácigh depredazione, saccheggio. Rossi. ban placigha metter a sacco. Rossi. Das erst seit 1804 in Serbien und Bosnien bekannte Wort ist wohl nicht slavisch. Vergl. die slavischen Elemente im Neugriechischen 25.

ploča lamina Platte serb.; ploči Rechentafel bulg.

plótšç-a πλάκα. Leake 343. plótskç-a g. Steinplatte, runde hölzerne Flasche. Hahn. plótšç: plótsa plur. Tetragl. 4.

pljuske plur. pustularum genus serb.; pljuski Blase bulg.

plùskç-a φούσκα Blatter. Leake 357.

počiniti: nur prečiniti und das praefixlose činiti finden sich in der entsprechenden Bedeutung percribrare, cribrare serb.

potšínge-a: poctnghe-a, ˙pocingh-a crivellatura, vagliatura. Rossi.

pogača panis non fermentatus serb.

pogátšç-a: pogácc-ia, pokaccie-ia, bogáccie-ia focaccia, pizza, covaccino. Rossi. pogacia, bogacia placenta. Blanchus. Vergl. die Fremdwörter in den slavischen Sprachen 46.

pogan pollutus, impurus, poganiti polluere serb.

pegán-i: pegan-i gentilis. Bogdan 2. 23. peganli-ia gentilità. Rossi. pugáň g., pegéj L verunreinige, stecke an. Hahn. pegéń μαγαρίζω. Leake 330. me pegnam sporcare. Lecce 136. te pegaam sordes. Blanchus. pugansi-a Unreinheit; pegęrę-a Schmutz; pugánęs-i der Verunreinigende. Hahn. pegan-i etnico. Rossi. Vergl. die Fremdwörter in den slavischen Sprachen 47.

pokoljenik mappae genus, eig. an die Knie reichend serb.

pokójnę-a: pokojna Schürze. Klem. Wind. 83.

pokrov pannus funebris serb.

pokrovę-a: pokrov-a lenzuolo. Rossi. pokrova lenzuoli. Bogdan 2. 21.

polica taenia in pariete serb.; polici, lavici Gesims bulg.

politsę-a Wandgestell. Hahn.

ponica cella aal.; ponica Keller bulg.

ponitsę-a modiolus ad coquendum panem. Kab. 188, bei Hahn Gefäss; ponitze Nische. Rcinb. 2. 50. mrum. pôntsę. Kab. 188.

pop sacerdos serb.

pop-i: ik si popi pobeže kao pop. Vuk 12. 6. Vergl. die Fremdwörter iu den slavischen Sprachen 47.

porez, poreza vectigal serb.

porez-i data; porezgti-ia esattore. Rossi. un impôt nommé poressi. Hecq. 98.

poručiti mandare serb.; poručě bulg.

porsit t., porosls g. trage auf. Hahn. porosit fedecommcttcre. Rossi. porosit μηνώ I announce. Leake 333. porosit empfehle. Guagliata 101. porsi-a, porost-a g. Auftrag. Hahn. poručit raccomandare. Dalm. commendamus wird Cuvendi 8. durch raccomandoime übersetzt und dieses Wort durch laam porosissim erklärt. Cam. 1. 50. 77. 142. vergleicht poroslijç, porosts, poroslnç für porslnç io ordino, comando mit griech. πορσύνω, dessen Bedcutung, gewähren, besorgen, nicht passt. Blau, Zeitschrift der dentschen morgenl. Gesellschaft 17. 654, zieht pers. pursidan fragen herbci, dessen Bedeutung eben so wenig entspricht.

pose: napose separatim serb.

empósa: halate tè mposa instrumenti distinti. Bogdan 1. 1. ma mposse più particolarmente 1. 106.

postav Weinkelter, Trog bulg.

postáf, postávi: postáf für bulg. póstab, ngriech. λαγκάδι. Tctragl. 27.

postava Futter (eines Kleides) serb.

postáje-a: postaje-ia coltre, coltre da letto. Rossi.

posto, gen. postola; postola f. calceus serb.

bostale te plur. Wasserstiefel. Reinh. 2. 44.

potera, potjera insecutio serb.; poteru Lärm. Milad. 181, eigentlich die zur Verfolgung von Räubern aufgebotenen Bewohner eines Ortes. Milad. 123. Rotte bulg.

potére-ja g. Lärm. Hahn. potecr-i quistionnamento, altercazione, gran rumore. Rossi. potere strepitus. Mscr.

potkova solea ferrea serb.; potkovu bulg.

paktúa-oi g., poktúa-oi, potúa-oi t. Hufeisen. Hahn. patcúe-oi ferro da cavallo. Rossi. potkúa. Kab. 218. Leake 318. 342. potkue. Mscr. petkó-i sie.-alb. pechtona (für -toua) fer à cheval. Pouq. 2. 619. petticognt plur. Raps. 51. Cam. 1. 131, welcher das Wort mit παγ: πήγνυμι, πακτός in Zusammenhang bringt.

prag limen, postis: prag donji, gornji serb.; prak, pragu-t; κόρνιστ (górajot), τόλνιστ πριαχ (dólnjot prjak). Tetragl. 18. bulg.

prak-gu t., prak-u g. Schwelle; oberer Querbalken der Thür. Hahn. praccu soglia. Raps. 51. prak ανώφλι. Leake 298. prjak. 393. pragu i pošter κατώφλι 320. prjak. Tetragl. 19. bragb-u deres limitare, soglia dell'uscio; pracc-u soglia. Rada 20. Prakę, prag-u limitare hängt nach Cam. 2. 149. mit πρό, πρώζος oder mit περάω oder endlich mit πραγ (πράσσω) zusammen. Mrum. prjak lu. Tetragl. 19.

prazan vacuus serb.

embrásę (richtig embrázę) vacuus. Hahn. ęmbras (für ęmbraz) evacuo. Hahn. Mit dem lat. Praefix dis: tsbrásętę (für dsbrázętę) leer. Habn. tsbras, sbras evacuo. Hahn. sbrázet, itsbrázct vacuus. Leake 294. 390. scpraz-i vacno, vano. Rossi. scpraza pusck traendo schioppi. Guagliata 163. špraz vuotarc. Dalm. scpraz. Rossi.

prč: prčevina Becksgestank šerb.

pęrtšák-u unverschnittener Bock, Widder; pęrtšák bespringe. Hahn.

prelaz, prijelaz transcensus in sępe serb.

prcil z-i sportello, piccolo uscetto di porte grandi, piccola porta. Rossi.

prevariti fallere serb.

prevarìt: here here prevariten scente te alle volte prevaricano gli uomini giusti. Lecce 196. Das alb. Wort kann nicht mit dem it. prevaricare in Zusammenhang gebracht werden. Das slav. Wort ist deutschen Ursprungs. Vergl. die Fremdwörter in den slavischen Sprachen 63.

pronija fundus ad usum fructum datus. Daničić, rječnik 2. 458.

prǫnę-a: prone-a villa, luogo di spasso. Rossi. chieffalijne giϑ pronevet vette principem omnis possessionis suae. Bogdan 2. 9. Ursprünglich griech. πρόνοια, wie das in den älteren serbischen Denkmälern häufig vorkommende ćefalija, ćepalija, alb. k'efallj-a principe. Rossi.

prut virga serb.; prʌt bulg.

prutékę-a: pruteke-a. Bogdan 1. 93. 2. 6. prutk-a verga. Rossi. pourtéke bâton. Pouq. 2. 617. purtékę-a Gerte. Hahn. virga. Kab. 187. purtékęzę-a: attǫ mes-purtéchęzęn di fianchi raccolti e delicata. Raps. 58.

pržiti torrere serb.; prʌži bulg.

pęršls (richtig pęržls) g. brate, backe in glühender Asche Brot, Fische; brate, backe in der Pfanne. Hahn. pęržísę io arrostisco. Cam. 1. 89. me peržitun friggere. Rossi. te peržitun frittata. Rossi. perdžiti frigo. Mscr. pęrtsęl'ij, pęrtsęl'ój brenne an, senge. Hahn. pęrtsęl'ák-u in der Asche eilig gebackenes Brot ohne Sauerteig. Hahn.

puč cisterna serb.

pus cisterna. Blanchus. Aus dem it. pozzo, lat. puteus. Vergl. die Fremdwörter in den slavischen Sprachen 48.

pudar custos vineae serb.

potár-i guardaboschi. Rossi.

puška Schlessgewehr serb.; puškʌ bulg.

púškę-a Flinte. Hahn. pusche sclopus. Blanchus. pusch-a pistola. Rossi. Vergl. die Fremdwörter in den slavischen Sprachen 48.

puž cochlea serb.; plužak bulg.

pužmuž Schnecke. Mscr. Man vergl. das Kinderliedchen: pužmnž, kaži roge u. s. w.

raca anas serb.

rósę-a: róssę-a Ente; rossák-u Enterich. Hahn. Cam. 2. 176. rosa t plur. Tetragl. 6. rose-a anitra. Rossi. rossa anas. Blanchus. ros-e, riike-a. Rossi. Conf. 37. mrum. róssi le plur. Tetragl. 6. Ein dunkles Wort.

raditi laborare serb.

radìt civire, proenacciare. Rossi. i raditscim: e raditscme industriosa. Rossi, reg. 279.

raso, gen. rasola muria, Lacke von Sauerkraut, rasol, gen. rasoli f. muria. Stulli. serb.; rasol, rasolʌ-t Rindfleisch. Cank. bulg.: eigentlich wohl gesalzenes.

rasoj-i Sauerkraut. Mscr.

razbiti dislicere, vincere, impedire serb.; razbi zerschlagen bulg.

rasbitls verabschene. Hahn. rasbisę, rasbise dissipare: pá-vo tšéelę ǫndóńe ligirá tę tę mę rasbltš kętęvo ǵúmę or muovi (recita) un qualche cantó per dissiparmi questo sonno. Cam. 2. 190. razbissi rispinse. Raps. 50.

rǫbiti secare, rapere asl.

rǫmbúem: rembuem rapere. Bogdan 2. 158. rǫmbéń ἀρπάζω; rǫmbim ἀρπαγή; rǫmbés ἄρπαγας. Leake 299. rembim praeda. Bogdan 2. 12.

rdakva, rodakva, rotkva raphanus sativus serb.

ρíkǫ-a g. Rettich. Hahn. riche-a ravanello, ravano. Rossi. Vergl. die Fremdwörter in den slavischen Sprachen 50.

reka, rijeka amnis serb.

reké-ja Bächlein. Hahn.

repa, rapa serb.; répъ Rettig bulg.

répǫ-a: repa ravanello, ravano. Rossi. rap. Blanchus. rep. Mscr. rep-i. Dalm.

rěšiti solvere asl.

rešitune aboliro. Rossi. t' sghiƷunit resit fain l'assoluzione cancella la colpa. Guagliata 223.

rędъ ordo asl.; red serb., bulg.

red-i. Dalm. rend-i Ordnung. Mscr. me rente di mano in mano. Rossi. me rant secundum ordinem. Mscr.

rizъ Hemd bulg.

rizę-a gesticktes Taschentuch. Hahn. riza Schnupftuch. Mscr. po tę kendiš rizęra ἀμὴ νὰ κεντήσῃ μανδήλια. Tetragl. 27. rízę mantile. Kab. 209.

rob servus serb., bulg.

rob-i Diener, Sklave, robíńę-a, robęréšę-a f. Hahn. rob-i, robbi schiavo. Rossi. rob mancipium. Blanchus. robl-a schiavitù: robijet sing. gen. Bogdan 1. 107.

rogoz typha latifolia, rogožina teges serb.; rókoz, d. i. rógoz. Tetragl. 29. rogozkъ Matte bulg.

rogós-i, richtig rogós, rogózi Matte. Hahn. rogós ψάƷα. Leake 361. 397. rokóz. Tetragl. 29. regoss-a matta. Rossi. regossa storea. Blanchus. mrum. rakóz. Tetragl. 29. ręgóziu storea, teges. Kab. 237.

rok tempus constitutum serb.

rok-u: rok determinazione. Bogdan 2. 1. Rossi. kur kiscte vnm rok quando aveva determinato. Bogdan 2. 1.

rub Kopftuch serb.

rub-i: rub. Klem. Wind. 82.

rusinъ russus russ.

rus-i Russe; rusi-a Russland. Hahn. Schwerlich unmittelbar aus dem slav.

sablja acinaces serb.

sábl'ę-a: sabljene Golijasè la scimittara del Golia. Bogdan 1. 101. sablli-ia scimitarra. Rossi. shabien sing. acc. Raps. 101. rum. sabie, it. sciabola. Dioz 309.

sani, sanije Schlitten bulg.; saoni serb.

sáję (aus sáńę) -a: saj-a treggia, traino, slitta. Rossi.

seno, sijeno foenum serb.; sěno bulg.

sánę-a: sana. Dalm. sane foenum. Blanchus. Bogdan 2. 21. son. Mscr. mbet ne casct e ne sanùa in mezzo alla paglia ed al fieno. Vigo 331.

sěra sulfur, bitumen asl.

sérę-a Theer, Hölle. Hahn. Vergl. ngriech. πίσσα Pech, Hölle. sérę-i m., sěre-ja f. pechschwarz. Hahn.

aisa mama serb.; cïc'ч bulg.

aisę-a: aiss-a, zizz-a und thitb-a poppa, mammella, zizza. Rossi. cic. Mscr. **sissa** mamilla, ruma. Blanchus. sisę βυζί. Leake. sise sinus. Pouq. 2. 622.

sito cribrum serb. bulg.

sitę-a Drath- oder Haarsieb. Hahn. sit-i staccio. Rossi. sitós sicbe. Hahn. vaglio. Cam. 1. 146. sit, sitnn, situne tamiggiare, stacciare, abbnratare. Rossi. me sitone setacciare, tamisarc. Leccc 66. Habn kennt auch ein geg. scs siebc. Cam. vergleicht 1. 46. 146. mit séta, sita, sitósę griech. σή,9ω.

skopiti evirare, castrare asl.; škopiti serb.

skopít: scopít castrare. Rossi. scopitonc. Lecce 66. skopíñ μουνουχίζω. Leake 334.

akrinja arca, scrinium serb.

skríñę-a: scrigne. Blanchns. Vergl. die Fremdwörter in den slavischen Sprachen 54.

skupština comitia, concilium serb.; crowd, mob. Horse. bulg.

skopštinę a Landtag. Mscr.

slovênlnч slovenus asl.

šk'a-u g. (aus škl'av) Bulgar; šk'enl-a (aus škl'avenl-a) Bulgarien. Hahn. schiaa-u, sckiša-u, scka-u greco, eretico, scismatico. Rossi. schkje ein Rátz. Klem. Wind. 85. skiávu scismatico; sckiet plur. Gnagliata 45. sckiet, sckieet plur. Conf. 39. 53, 55. škija Serbe; škenija Serbien. Mscr. schienia Illyria, Schiavonia. Blanchus sckiet, d. i. škjo-t gli scismatici. Guagliata 45. škiña vlahinja (srpkinja). Vnk 12. 7. Das unmittelbar ans σκλάβος entstandene šk'a bezeichnet nach Verschiedenheit der Gegend verschiedene slavische Völker: es muss daher auffallen, dass die Albanesen Griechenlands mit demselben Worte die Griechen bezeichnen: škl'a-au, plur. škl'e-ete γραικοί ώς πρός τήν γλῶσσαν, είς άντίθεσιν πρός τό arbereš; škleriët ή škliriët ίπίρρημα: i di škleriët? savez-vous le grec? Reinh. 2. 31. Ans dem it. schiavone stammt schlavun-i. Raps. 17.

slovo littera serb.

slóbę-a: slob. Klem. Wind 87.

soko, gen. sokola, falco serb.; sokol bulg.

sokól'-i wohl Habicht. Hahn. socol-i sparviere, aquila. Rossi. si sokol' mere maljin ka' i soko uzmi šunru. Vuk 9. 9.

solun Thessalonica.

solúnç-a: solunet sing. gen. Bogdan 2. 78. neben selentk-u. Rossi.

spêhч celeritas asl.

spehitóñ βιάζομαι. Leake 303.

spila, spilja caverna serb.

spíl'ę-a t., spíl'é-ja g. Höhle. Hahn. spelle-a, spell-a covile, covo, cava. Rossi. Es ist das griech. σπή-λαιον, lat. speluncn, das mittelst des alb. in das serb. eingedrungen zu sein scheint. Vergl. die Fremdwörter in den slavischen Sprachen 55.

srb, srbin serbus serb.

sęrp, sęrbi Serbe; sęrpkę-a Serbin; sęrbl-n Serbien; sęrpktšę serbisch. Hahn.

stan locus et casa mulgendis aestate ovibus serb.

stan-i Schafpferch. Hahn. ovile. Kab. 209. stan étable. Pouq. 2. 619. stan déras γουρουναρióν. Leake 308. stanę (a), štan (a) la stalla. Cam. 1. 179. 344, der das Wort für einheimisch-hält und es von der griech. Wurzel στα ableitet. Ngriech. στάνι ovile.

atari svat Anführer der Begleiter der Braut· serb.

starisfát-i: starisfatt archibrichino. Bogdan 2. 49.

stenica, stjenica cimex serb.

stenitsę-a: stenitse-a cimice. Rossi. stenitse. Bogdan 1. 90. 91.

sto, gen. **stola** sella, mensa; daraus magy asztal, das als astal in das serb. eingedrungen ist. stol-i Stuhl; asztal-i Tisch. Klem. Wind. 87.

stolica sella serb.

stolits-i: stolitsin sing. acc. Mscr.

straža excubiae serb.

stráže-a: straz-a guernigione, presidio. Rossi. straza praesidium. Blanchus. straznik pervigil. Blanchus. strazniks-i, wohl für straznik vegghiatore; strazetaar-i guardia; strazniksem vegghievole, che vegghia. Rossi. sctrazetaar custode. Bogdan 2. 5. straxetar, d. i. stražetar. Budi 1664. 53. sctrazetar. Budi 1868. 36.

streha pars tecti prominens serb.; **streh** Dachvorsprung bulg.

strębę-a Dachvorsprung, Überhang, an welchem der Regen herabfällt. Hahn. sctrehēe-a gronda, estremità del tetto. Rossi. strehe tetto. Bogdan 2. 21. strébę stégη. Leake 390. sctreb-a tetto. Rossi. sctrehe: sctreha e mkatnuorvet refuggio de' peccatori. Rossi. sctreha e mkatnúervet Uða 67. sctrée-ea , sctreze-a stillicidio. Rossi. sctre-a piovitojo, luogo, ove cola l'acqua da' tetti. Rossi. mrum. strehi le Dächer. Boj. 205. Cam. 1. 161 leitet dieses Wort von stégη oder τρέχω ab.

strug Hobel serb.; Drechselbank bulg.

struk-u g. Hobel. Hahn. strugh-u pialla, piana; strugúe piallare; strughgti-ia piallatore. Rossi.

suditi iudicare, decernere serb.

suditune : tue suditune mirando ; soditente guardava. Bogdan 2. 7. visitava 2. 8. soditune provvedere 1. 93.

šapk Mütze bulg.

šápkę-a pileus. Kab. 224. šapękę: sbapęchen sing. acc. capello. Raps. 73.

šeg, **šag** Scherz. Morse. **šeg** Cank. bulg.; **šęga** scurrilitas asl.

šakę-a g., šaká-ja t. Scherz. Hahn, der das Wort für türkisch hält. rum. šágę Scherz.

šetati ambulare serb.

šetit: scetit vagabondare; te scetltun passeggiamento; t' sctitun-i here andéi, here kendei zonzo, il vagare quá e lá. Rossi. scetitune obambulare. Blanchus. femene, e ssiλa ndjiek scetij te femina, che si diletta dei passeggi. Bogdan 2. 12. po šo, se ti po šetitn io vedo, che tu passeggi. Dalm.

škropiti, kropiti aspergere, **škropac** irrigatio eigentlich aspersio serb.

štropít : stropit fragare. Rossi. scterpik e baltit pillachera, chizzo di fango ; me scterpik sprazzare, spruzzare; me scterpik me ui spruzzolare, aspergere. Rossi.

žuga scabies serb.

žúgę-a: zgiugb-a pizzichina, rogna, male cutaneo. Rossi. žugafets-i: zgiugafec-i rognoso. Rossi.

talas fluctus serb.

talas-i: talass-i onda. Rossi. talás unda. Kab. 205. Offenbar griech. θάλασσα: welche von den beiden Sprachen die unmittelbare Entlehnerin sei, ist zweifelbaft.

tęžati opus facere asl.

težáh-u: tezgjáh-u g. Webestuhl, Arbeitstisch der Arbeiter. Hahn.

tęžava pondus asl.
težavę-a: me dīlir prei tesciave, me scpraz sgombrare. Rossi.

točiti fundere serb.
točit: me tocit svinarc, cavare il mosto dal tino; tocits-i svinatura, lo svinarc. Rossi.

topola populus alba serb.; topoľ bulg.
tupll-ni. Skodra. eine Art Platane. Hahn. Der Zusammenhang ist zweifelbaft.

tor orates Hürde (für das Hornvieh) serb.; tor Kuhmist, Dünger bulg.; toriti stercus facere serb.
turišt-i: turisct-i stabbio, ovile, stalla, gagno, ricovero delle bestie. Rossi. mrnm. turcste ngr. μανδρί.
Tetragl. 28. turrýšte ovile. Kab. 209.

trap fovea adservandis rapis serb.; trap Grube bulg.
trap-i Grube. Hahn. sulcus. Kab. 186. Cam. 1. 40. hält das Wort für verwandt mit griech. τρύπα. Mrom.
trápu sulcus. Kab. 186. τράπουρη plur. für αὐλάκια. Tetragl. 13.

tręba tuba asl.; trъbъ. Morse. bulg.
trúmbę-a: trumba. Blanchus.

trèmъ turris asl.; trijem, trem porticus serb.
trem-i: trem te e tinezot atria domini. Bogdan 1. 75. Vergl. die Fremdwörter in den slavischen Sprachen 60.

trg merx serb.
treg-u: tregh nundinae; treghetia mercatura; treghetaar mercator. Blanchus. Wohl für tęrg u. s. w.

trnokop rallum serb.
tęrnakop-i: tcrnacop-i vanga. Rossi.

troha asl. serb.; trohъ mica bulg.
tróhę-a: trobe-a fuscello. Rossi. gni troe qualunque poco. Rossi.

trošiti bröckeln serb.; troši bulg.
troscitun sbriciolare, ridurre in bricioli. Rossi. u troscit disfarsi, spappolarsi. Rossi.

trpjeti pati serb.; trъpě bulg.
tęrpjáfcts-i: terpiáffec-i subetico, mezzo etico. Rossi.

trup truncus serb.; trup Leib. Morse. bulg.
trup-i: trupp-i ciocco, ceppo, torso. Rossi. trup κορμί. Lenke 389. trup. Tetragl. 11. 23. Mscr. corpus, cadaver. Kab. 203. trup-i t menschlicher Leib, Leibesgestalt; turp-i t. Leichnam. Hahn. Nach Cam. 1. 175. sembra da riferirsi a τρόπος. Mrum. trup lu. Tetragl. 23. trúpu corpus, cadaver. Kab. 203.

tuč Glockenspeise serb.
tutš-i: tuce-i metallo, bronzo. Rossi. giarpenë tucci un serpente di metallo. Bogdan 1. 93. Vergl. tunš-i unverarbeitetes Kupfer, Messing u. s. w. Hahn. Das serb. Wort ist zurückzuführen auf it. tйzia, lat. tutia, gr. τουτία.

tъkač textor. Morse. bulg.
katš-i Wober. Hahn. kadž ὑφαντής. Leake 356.

tъmijanica turibulum asl.
temjanitsę-a. Mscr. temjanitšę θυμιατήρι. Leake 316.

ubogъ pauper asl.

vobeg. Budi 22. 30. atte vobeg as te begatte. Budi 188. vobekè poverella. Bogdan 1. 122. vile. ibid. vohek-u povero; vobekz-a poverella; vobzli-ia poverezza. Rossi. vobezij te necessità. 1. 101. Wegen des vo für u ist die Zusammenstellung nicht ganz unbedenklich.

udobъ facile asl.

udob adv. facile. Blancbus. Budi. udob adj. Rossi. Bogdan.

ugar die zum künftigen Anbau aufgerissene (und dem Durchwärmen ausgesetzte) Erde, ugáriti die Erde (mit dem Pfluge) aufreissen serb.; úgar gepflügtes Land bulg.

ugár-i das Pflügen, besonders Aufreissen der Bracbe; áre ugár gepflügtes, besonders umgerissenes Feld. Hahn. mę punón ugárę (il bue) mi lavora il campo. Nach Cam. 2. 58. sembra congiunta ad ἀγρός, e più da presso al latino ager. 2. 72.

ulica aula, area, platea serb.; ullcъ bulg.

ul'ltsę-a: ul'ltsa g. in der Redensart: kęrkój brima t' e ul'ltsa t' ich durchsuche alle Löcher und Ritzen. Hahn. Die Bedeutung ist aus dieser Redensart erschlossen.

uzdati se confidere serb.

uzdáję-a: uzdáie-ia confidenza: me pass uzdáien confidare. Rossi. kam usdái confido. Guagliata 19. uscdai d. i. uždai. Uδa 71. uzdatunè mbè dijet fidarsi nella sapienza. Bogdan 1. 113.

val unda serb.; val Cylinder bulg.

vál'ę-a Welle. Hahn. vaal' bei Stier. vale-a und vāàle-a onda, flusso. Rossi. val'. Mscr.

vedro, vjedro situla, mensura duodecim okarum serb.; vèdro bulg.

védrę-a t. hölzernes Milchgefäss; Weinmaass von 40 Okka. Hahn. vedre. Reinh. 2. 68. vedra, védęra ngr. βέδουρα, βεδούρι. Cam. 2. 140.

velenca lodicula serb.

velęnzę-a gewebte Wolldecke. Hahn. veleutsa obstragulum (coperta). Blancbus. levents-a coperta. Rossi. Vergl. die Fremdwörter in den slavischen Sprachen 63.

veseliti gaudio afficere serb.; veseli bulg.

vesel'ít bin ergiebig (von Feldern und Thieren); vesel'í-a Ergiebigkeit. Hahn.

vikati clamare, vocare serb.; vika bulg.

vikás schreie. Hahn. vikat, vikatune vociferare; gridar forte, abbuccinare; vikats-i gridatore; vikame pispittoria. Rossi for vikat vrlo pišti. Vuk 2. 13. vrap vikati brzo viknu. 2. 8. Cam. 1. 176 stellt das Wort mit griecb. βύω und βυχάντ, βιχανάω zusammen.

viljuike plur. furca serb.

filúškę-a: filuschke Gabel. Klem. Wind. 87.

višnja cerasum apronianum serb.; višnъ bulg.

víšję-a (aus víšňę) Weichsel. Mscr., sonst višulę-a: visciul-a. Rossi. aus dem it.: visciola Vergl. die Fremdwörter in den slavischen Sprachen 64.

vlaga humor serb.; vlagъ bulg.

vl'áke-ja g. Feuchtigkeit; vlazętírę id. Hahn. vl'áget humidus. Kab. 232. Vergl. me lagb umettare, inumidire. Rossi. l'ágętę nass; l'agęsúem anfeuchten; l'agęslnę g, l'agęslrę t. Feuchtigkeit. Hahn.

vlak retis genus serb., bulg.

vlak-u: vlak, mréza. Tetragl. 12. mrum. vlak lu.

vojaka, vojêtina exercitus, homines.

vojêtár-i: vojsctare te i tributicri. Bogdan 2. 74. vojêtinç-a i vojsctinenc sing. acc. il tributo. ibid.

vojvoda dux serb.; vojvodъ bulg.

vojvodę-a: vojvode-a capitano. Bogdan. bargello, capitano de' sbirri. Rossi.

voxiti vehere, remigare serb.; vozi bulg.

vozit vogarc, remarc; vozetaar, vozits vogatore, chi voga. Rossi. vozitune remigare Blanchus. vozetarem promovere (remigando). Stier.

vrabac passer serb.

vrabéts-i: vrapéts, plur. vrapétsa t. Tetragl. 6.

vran ater serb.

vrânę, vrânętę g., vrę̂, vrę̂rçtę t. finster (von Wetter und Menschen). Hahn. nuvolo, torbido Cam. 1. 54. 157. 158; 2. 156. Der Umstand, dass slav. vran weder vom Menschen noch vom Gewölk gesagt wird, macht die Zusammenstellung bedenklich.

vrata series, genus serb.; vrъsta, aetas asl.; vrsnik, vrsnica aequalis ὁμῆλιξ serb.; vrъstъ, vrъstnik bulg.

vęrsę-a etâ. Cam. 1. 115. 164. 180. Nach Bopp 56. skr. varšas Jahr; vęrsęnik-u Altersgenosse. Hahn. vęrsęnikǫ-a f. Cam. 1. 164.

vrênik ein grosser irdener Deckel, der erwärmt über das zu back nde gestürzt wird, auch crepulja genannt serb.

vęšnik-u in derselben Bedeutung. Hahn.

vrtjeti vertere, terebrare serb.; vrъtê bulg.

vęrtit drehe στρέφω. Leake 351.

vuga, in Montenegro fuga, parus pendulinus serb.; vuga galbula. Stulli.

fûgę-a Weibchen der Goldamsel. Hahn.

vukodlak vampirus serb.; vlъkodlakъ asl. in anderer Bedeutung, worüber mein Lexicon palaeoslovenicum nachgesehen werden kann.

vurvulâk-u. Hahn 1. 163. 201; 3. 65. a. Vergl. meine slavischen Elemente im neugriechischen 13.

zagonъ sulcus asl.

zagęn-i: zaghen solco. Rossi. zaghene sulcus. Blanchus. me bâa zâghna far delle porche. Rossi.

zakon religio, mos, lex serb.; lex bulg.

zakón-i testamentum, vetus et novum. Budi 30. zakón-i Gebrauch, Gewohnheit. Hahn. zakon-i fare, usanza, solcre. Rossi. zakón συνήϑεια. Leake 352. zakon mos, institutum, usus. Blanchus. consuetudo. Stier. zhaccon. Rada 46. giϑe ðee kaa zakone te vet ogni paese ha il sno costume. Blanchus 215. l'ée zakónezi tę tsę kée lascia i costumi che hai. Cam. 2. 120. 121. zacñem ans zakonñem costume. Rossi. pa zacñem insueta. Rossi. zaconura plur. avvezze. Raps. 73. Cam. stellt 2. 161 den slavischen Ursprung des Wortes in Abrede. Vergl. meine slavischen Elemente im Neugriechischen 16.

zid murus serb., bulg.

zid-i macera, muro, pariete. Rossi. zidar-i: sidari Maurer. Klem. Wind. 87.

taba rana serb.; têbъ bulg.

džâmbę, richtig wohl džâbę, βάϑρακας. Leake 302. tsiâmpę d. i. džâbę. Kab. 186.

živa hydrargyrum serb.; živâk bulg.

živę-a: zgive-a mercurio. Rossi.

žuka, žuk luncus, genista. Stulli. serb.
žûgę-a, öfters im plur. žûga tę g. Binse. Hahn. Vergl. die Fremdwörter in den slavischen Sprachen 66.
žužellca insectum, vermis, žužel̄ f. scarabaeus asl.; žužanj strepitus kroat.
žužinkę-a g. vielleicht Maikäfer. Hahn.

Abkürzungen.

asl. altslovenisch.
Blanches. Fr. Blanchus, Dictionarium latino-epiroticum. Romae. 1855.
Bogdan. Petrus Bogdan, Cuneus prophetarum. Patavii 1685.
Boj. Michael G. Bojadschi, Romanische oder macedonowlachische Sprachlehre. Wien. 1813.
Bopp. Fr. Bopp, Über das Albanesische. Berlin. 1855.
Budi. Pietro Budi, Dottrina christiana. Roma. 1664.
bulg. bulgarisch.
Cam. Dem. Camarda, Saggio di grammatologia comparata sulla lingua albanese. Livorno. 1864. Appendice. Prato. 1866.
Saggio als Band I, Appendice als Band II bezeichnet.
Cank. A. und D. Kiriak Cankof, Grammatik der bulgarischen Sprache. Wien. 1852.
Conf. Confessione pratica italico-epirotica. Romae. 1863.
Cuv. Cuvend. Cuvondi l Arbenit. Nde Rome. 1866.
Dalm. So bezeichne ich die bei den Albaniern Dalmatiens vorkommenden Wörter.
Diez. Fr. Diez, Etymologisches Wörterbuch der romanischen Sprachen. Bonn. 1853.
Guagliata. G. Guagliata, Dottrina cristiana. Roma. 1845.
Hahn. J. G. von Hahn, Beiträge zu einem albanesisch-deutschen Lexikon. Wien. 1853.
Hecq. H. Hecquard, Histoire et description de la Haute Albanie ou Guégarie. Paris. S. a.
Heh. V. Hehn, Kulturpflanzen und Hausthiere. Berlin. 1870.
Kab. Th. A. Kaballiotes, Πρωτοπειρία in J. Thunmann's Untersuchungen über die Geschichte der östlichen europäischen Völker.
klem. klementinisch.
kroat. kroatisch.
Leake. W. Martin-Leake, Researches in Greece. London. 1814. Sounds of the Albanian language. Sketch of the grammar. Vocabulary. Seite 260—362.
Lecce. Fr. Maria da Lecce, Osservazioni grammaticali nella lingua albanese. Rom 1716.
Milad. D. i. K. Miladinovci, Bălgarski pĕsni. Zagreb. 1861.
Mscr. So bezeichne ich die von mir einom gegischen Albanier abgefragten Wörter.
Morse. C. F. Morse, An english and bulgarian vocabulary. Constantinople. 1860.
mrus. macedorumunisch.
Pouq. F. C. H. L. Pouqueville, Voyage dans la Grèce. Paris. 1820—1821. Vol. II, Seite 617—623.
Rada. G. de Rada, Poesie albanesi. Napoli. 1847.
Raps. Rapsodie d'un poema albanese raccolte nelle colonie del Napoletano tradotte da G. de Rada. Firenze. 1866.
Reinh. C. H. Th. Reinhold, Noctes pelasgicae. Athenis. 1855.
Rossi. Fr. Rossi, Vocabulario italiano-epirotico. Roma. 1866.
Rossi, reg. Fr. Rossi, Regole grammaticali della lingua albanese. Roma. 1866.
rum. rumunisch (dacorumunisch).
serb. serbisch.
Stier. Th. Stier, Hieronymi de Rada carmina italoalbanica quinque Brunsvigae. 1855.
Stulli. J. Stulli, Rjecsosloxje (Illir. Ital. Lat.). U Dubrovniku. 1806.
Tetragl. Λεξικόν τετράγλωσσον. s. l. 1802.
Uša. Uša e sceltes cruč. Roma. 1862.
Vigo. S. Vigo, Canti popolari siciliani. Catania. 1857. Canti sicoloalbanesi von G. Crispi. Seite 336—354.
Vuk. So bezeichne ich die Wörter der von Vuk Stefanović Karadžić aus dem Munde eines Albaniers aus der Gegend von Prizren aufgezeichneten Lieder.
Wind. v. Windisch, Von den Klementinern in Sirmien. Ungarisches Magazin. Pressburg. 1782. II. Seite 77—89.